監修者――木村靖二／岸本美緒／小松久男／佐藤次高

［カバー表写真］
左がコルテスで，右がピサロ。いずれも死後に描かれた作品。

［カバー裏写真］
イタリア・ルネサンスの巨匠ティッチアーノ（1488頃〜1576）によるカール5世の肖像画。

［扉写真］
17世紀メキシコでは征服を扱った歴史画が流行した。この作品は、敗北を認めてひざまずくアステカ王クアウテモク（右）をコルテス（左）が寛大に抱擁する場面を描いている。

世界史リブレット人48

コルテスとピサロ

遍歴と定住のはざまで生きた征服者

安村直己
Yasumura Naoki

目次

世界史のなかのアメリカ大陸征服
1

❶
征服までの道のり
7

❷
アステカ王国の征服へ
20

❸
パナマ，カハマルカ，クスコ
43

❹
王室の介入と夢の挫折
60

❺
征服から内戦へ
72

歴史の審判
83

世界史のなかのアメリカ大陸征服

我々にしても目に入るものすべてにただ驚嘆するばかりで、……目の前にあるものが果たして現実なのかどうかも分らなかった。陸の方に目をやれば立派な町が立ち並び、湖の方はと見ればそこにもまたいくつもの町があり、しかも湖面は見渡すかぎりカヌーで一杯だった。堤道の途中には沢山の橋が掛かり、その前方にメシコ市の偉容が望まれた。これに引き換え、我々の数は四五〇人にも満たなかった……

（ベルナール・ディーアス・デル・カスティーリョ〈小林一宏訳〉『メキシコ征服記』）

あんなにもたくさんのテントがあろうとは！　……インディオが、あのようにりっぱで整然とした陣を張るなどとは、それまで夢にも思っていなかった。……さて、このことが終わり、インカの軍隊とテントの偉容をすっかり偵察しつくしたので、われわれはピサロ将軍の待っているところまで帰ったのだが、その途中……どうしたらよいかと論じ合った。ひとりのこらず恐怖にとりつかれていた。われわれはほんの少数でこんな山の中におっぽり出され……

（増田義郎『インカ帝国探検記――ある文化の滅亡の歴史』）

ディーアスは、自らもエルナン・コルテス（一四八五〜一五四七）の率いる一隊に加わった経験を有し、アステカ王国（十四世紀初め〜一五二一年）征服からおよそ半世紀後、記憶にもとづいて征服記を著したことで知られる。一つ目の引用文で彼は、首都テノチティトランに向かって湖上の堤道を進んでいくときの情景を描写している。二つ目の引用文は、フランシスコ・ピサロ（一四七五頃〜一五四一）の派遣した先遣隊がカハマルカの郊外で野営中のインカ王アタワルパ（在位一五三二〜三三）と初めて出会ったさいの様子を、一兵卒エステーテが書き残したものである。どちらを読んでいても、強大な敵を前にしたスペイン人の心情が伝わってくる。

十九世紀アメリカ合衆国の歴史家プレスコット▲はこうした史料を駆使し、スペイン人征服者たちが数的な劣勢と恐怖心を克服し、飢えや乾き、熱さや湿気、寒さにたえ、多様な戦術、外交上の手腕を発揮し、アステカ王国・インカ帝国（十五世紀半ば〜一五三三年）を攻略する経緯をいきいきと描き出し、多くの読者を獲得した。プレスコットのおかげで征服は世界史上の「偉業」として記憶されることとなるのだが、征服に対する歴史的評価は一様ではない。

エルナン・コルテスとフランシスコ・ピサロに焦点を絞ると、生前からその評価は割れていた。同時代のスペイン人歴史家の多くが、「野蛮」な先住民にキリスト教や文明をもたらした「英雄」として二人を称揚する一方、征服が先住民におよぼした甚大な被害を批判するラス・カサス▲やモンテーニュ▲は、コルテスやピサロを冷酷非道で強欲な破壊者とみなしたのである。スペインの外部では十七世紀以後、この否定的な評価が「黒い伝説」として優勢となっていく。

アダム・スミス▲は『諸国民の富』（一七七六年）のなかで、人類の歴史を二分する画期的できごととして、一四九二年に起きたコロンブス（一四五一〜一五〇

▼ウィリアム・プレスコット（一七九六〜一八五九）　アメリカ合衆国で最初の学術的歴史家とされる。近世スペインとスペイン帝国の歴史に関し、『イサベルとフェルナンドの統治の歴史』『メキシコ征服の歴史』など多くの著作を残した。

▼バルトロメ・デ・ラス・カサス（一四七四／八四〜一五六六）　スペインのドミニコ修道会士・思想家。スペイン領アメリカ植民地における先住民の悲惨な状況を王室に告発し、先住民もスペイン人と同等の人間であるとして問題解決を迫った。

▼ミシェル・ド・モンテーニュ（一五三三〜九二）　フランスの人文主義者。主著『エセー（随想録）』のなかでアステカ王国の征服にふれ、コルテスらの残忍な振る舞いを批判した。

▼アダム・スミス（一七二三〜九〇）　イギリスの経済学者・哲学者。近代経済学の創始者とされ、自由市場・自由貿易を主張した。

六）によるアメリカ大陸の「発見」と、九八年のヴァスコ・ダ・ガマ（一四六九頃～一五二四）によるインド到達をあげるのだが、征服の歴史的意義は否定している。十九世紀にはいっても状況は変わらない。ハイネ▲はコルテスの狡猾さとアステカの人々の無邪気な歓待ぶりとを対比しつつ、コルテスに対する軽蔑の念をあらわにする。

プレスコットはこの流れに一石を投じたわけだが、否定的な評価を一掃できたとはいいがたい。例えば、現代のペルーではピサロの銅像が街角におかれ、彼の「偉業」が顕彰されるのはめずらしくないが、メキシコでコルテスの銅像が公的空間におかれることはない。壁画などに描かれるコルテスには残虐な殺りく者という否定的なイメージがつきまとう。

これほど評価が分かれる人物の伝記を書くのはなかなか難しい。両極端の評価を足して二で割ればいいという話ではない。そこで、あらかじめ私の立場を明確にしておこう。そもそも、アステカ王国やインカ帝国がスペインを征服しようとしたことはなく、スペイン人が一方的にアステカ王国、インカ帝国の領土に押し入ったのである。また、コルテスやピサロはときに汚い手を使い、過

▼ハインリヒ・ハイネ（一七九七～一八五六）　ドイツのロマン派詩人。マルクスとの親交もあり、革命の詩人として知られる。晩年の叙事詩「ファッツリプッツリ」（一八五一年）のなかでアステカ王国征服を題材としている。

●—コルテスの肖像　右はメキシコ市中央広場にある大統領宮にディエゴ・リベラが描いた壁画。コルテスらによる先住民の虐待を宣教師が制止しようとしている場面。左はリベラと同時代の画家ダビッド・シケイロスによるコルテス像。その足元には殺された先住民の死体が描かれている。

●—ピサロの銅像　ペルーの首都リマ市の中央広場に置かれたピサロの銅像。

剰な暴力を行使した点でも非難されるべきだろう。先住民に多大な犠牲をしいた事実も見逃せない。先住民にとって二人は侵略者でしかない。

だからといって征服の世界史的意義を否定すべきではない。アステカ王国とインカ帝国の征服は、ヨーロッパのキリスト教世界がユーラシア大陸の北西端という枠をこえ、未知の領域で本国よりも広大な領域を獲得し、多数の住民を支配した最初の事例なのだ。コルテスやピサロがヨーロッパを起点とする近代世界の幕を開け、メキシコやペルーで産出される銀こそがヨーロッパによる地球規模のネットワーク形成を可能にしたといえよう。

なぜアステカ王国とインカ帝国は短期間のうちに征服されてしまったのか。征服はどのようにして植民地統治に転換していくのか。征服によって世界史はどう進路を変えたのか。これらの問いに対する答えを、コルテスとピサロに焦点を合わせながら探ることにしよう。

①—征服までの道のり

対照的な生い立ち

内戦を終結させ、イスラーム教徒(ムスリム)最後の拠点、グラナダ王国▲を一四九二年に併合したカトリック両王、すなわちカスティーリャのイサベル▲とアラゴンのフェルナンド▲のもと、レコンキスタは終結した。その結果、イダルゴと呼ばれる下級貴族層が戦う人として社会的上昇をとげようとするならば、イタリアにわたるか、インディアスと呼ばれていたアメリカ大陸にわたるか、そのどちらかしか選択肢は残されていなかった。その結果、多くのイダルゴがアメリカ大陸の征服に参加し、イダルゴへの身分的上昇を夢見る平民たちもそのあとに続くことになる。コルテスとピサロは、このプロフィールに合致する。しかし、二人の歩みをイダルゴ一般の社会的状況で説明するのは粗雑にすぎる。

まず指摘すべきは、家庭環境の違いである。エルナン・コルテスは一四八五年、スペイン南西部エストゥレマドゥーラ地方のメデジンで生まれた。この地方は、半乾燥地帯で農耕にあまり適さず、主要な産業は粗放な牧羊しかない、

▼グラナダ王国(一二三二頃〜一四九二)　八世紀初めからイベリア半島ではイスラーム系諸王朝が興亡をくりひろげるが、勢力をもりかえしたキリスト教諸王国に制圧されていく(レコンキスタ)。最後のイスラーム王朝のナスル朝は首都をグラナダにおいたため、グラナダ王国とも呼ばれる。

▼イサベル女王(在位一四七四〜一五〇四)　イベリア半島のキリスト教王国の一つ、カスティーリャの女王。即位前に、アラゴン王国の皇太子だったフェルナンドと結婚し、夫が一四七九年にアラゴン王位に就くと、両国を共同統治してスペインの礎を築いた。コロンブスの航海を支援したことで知られる。ローマ教皇からカトリック両王の称号を受けた。

▼フェルナンド(在位一四七九〜一五一六)　イベリア半島のキリスト教王国の一つ、アラゴンの国王。妻はカスティーリャ女王のイサベルで、スペインを共同統治した。イサベルの死後は事実上、スペインを単独で統治し、彼の死後、孫がカルロス一世としてスペイン王国を受け継いだ。

十五世紀末期のスペイン

スペインでもっとも後進的な地域であった。父はマルティン・コルテス、母はカタリーナ・ピサロ。二人ともイダルゴ身分だが裕福とはいえない。エルナンは両親の庇護のもと、一人息子として病弱な幼少期を過ごす。

対照的にフランシスコ・ピサロは庶子だった。一四七〇年代、メデジンから四〇キロほど北に位置するトゥルヒーリョで、町の名士ゴンサーロ・ピサロを父として生まれた。ゴンサーロはイダルゴだが、母はピサロ家に女中奉公にでていた近隣の農家の娘である。事情はわからないが、フランシスコは母のもとで育てられたらしい。一五二二年に没したゴンサーロの遺言書にフランシスコの名はない。庶子である腹違いの弟、ファンとゴンサーロ(父と同名)の名は遺言書にでていることから、フランシスコに対する扱いはとくに粗略だったと考えざるをえない。息子のために宮廷工作に奔走したコルテスの父マルティンとは大違いである。後年、フランシスコは庶民的ないでたち、物腰、言動を貫いたといわれるが、この生い立ちが影響したのだろう。

幼少期の二人については、コルテスが大病をわずらったさいに乳母の献身的な看病で救われたのに対し、ピサロは幼いころから豚の群れを世話していたというエピソードが伝わっている。真偽のほどは定かでないが、二人が対照的な幼少期を送ったことは事実だろう。

マルティン・コルテスは十五世紀後半のカスティーリャ内戦で、ゴンサーロ・ピサロは十五世紀末のグラナダ戦争で戦功をあげ、両家の社会的上昇に貢献した。しかし、その子たちが成人したとき、さきに述べたように、スペインは戦いの場を提供しなくなっていた。同世代のイダルゴに共通する閉塞的状況下、一四歳になったコルテスは父マルティンの指示に従ってサラマンカ大学法学部に入学し、おじの家に下宿しながらラテン語と法学の初歩を二年間学んだとされる。長年イタリアで学んで帰国した人文主義者ネブリッハ▲が教えていた関係で、サラマンカ大学はイタリア・ルネサンスの影響を受けていたから、コルテスはヨーロッパでも最先端の知的環境に接していたはずである。しかし、法学を学んで役人か法律家となってほしいと考えた両親の期待に反し、コルテスは学士前期課程を修了しただけで退学してしまう。以後、イタリアに行くか、アメリカ大陸に行くかで迷いつつ、公証人の助手を務めたこともあった。

青年期のピサロがなにをしていたのかは不明である。父ゴンサーロが庶子で

サラマンカ大学　写真はサラマンカ大学の歴史的建造物の一つで、十五世紀にさかのぼる。コルテスやラス・カサスがここで学生生活を送った可能性は高い。

▼アントニオ・デ・ネブリッハ（一四四一〜一五二二）　スペインの人文主義者。イタリアのボローニャ大学で学んだのち、帰国し、イタリア・ルネサンスにならってスペインにおける学術の刷新に努めた。主著『カスティーリャ語文法』（一四九二年）はヨーロッパ近代諸言語中、最初に出版された文法書として知られる。

あるフランシスコの将来で悩んだ形跡はない。しかし、ゴンサーロは子どもの教育に関心を示さない父親だったわけではない。妻とのあいだにもうけた唯一の男子であるエルナンドに関しては、戦う者としての誇りを植え付けようとした事実が伝えられている。スペインは一五一二年、フランスとの国境地帯に位置するナバラ王国▲を征服するが、ゴンサーロはこのナバラ戦争にエルナンドを同行させた。さらに、時代の変化にも気付いていたようで、この嫡子エルナンドには中等教育を受けさせてもいる。

ここでは、生い立ちに由来する識字能力の差を強調しておきたい。ピサロとコルテスのあいだで情報量に格差があるのは、コルテスが高い識字能力を駆使して多様な文書をまめに作成したのに対し、ピサロは読み書きができなかったからなのである。ピサロについては生年さえ特定できない。口頭での言語運用能力の差もきわだっている。雄弁なコルテスと寡黙なピサロ。対照的な生い立ちと性格は二人の歩みをどう左右するのだろうか。

▼**ナバラ王国**（八二〇頃〜一五一二）イベリア半島のキリスト教王国の一つで、フランスとの国境をなすピレネー山脈西北部に位置していた。一五一二年、スペインに併合される。

征服のゆりかごとしてのカリブ海

数少ない本人の証言によれば、ピサロは一五〇二年、スペイン王室がカリブ海エスパニョーラ島のサント・ドミンゴ植民地総督に任命したオバンドの艦隊に加わり、エスパニョーラ島に到着した。コルテスもこの艦隊に加わる予定だったが、けがのため断念したとされる。コルテスは一五〇四年、サント・ドミンゴに到着している。

エスパニョーラ島はもともと、スペイン王室と結んだ協約▲に従い、コロンブスが総督として管轄する、独占貿易の拠点だった。コロンブスの第二次航海以降、この島でとれる金に王室が注目し、一攫千金を夢見るスペイン人も流入する。王室は、彼らをコントロールしきれないという理由でコロンブスを解任し、独占貿易権も剥奪した。以後、エスパニョーラ島への渡航は加速し、サント・ドミンゴは大西洋航海の目的地、中継地として急速な発展をとげていく。この経緯を考慮すれば、ピサロとコルテスの選択が偶然でなかったのは明らかだろう。

金は当初、川で砂金を採取するという原始的な方法で入手できたのだが、す

▼協約　アメリカ大陸に遠征する者はあらかじめスペイン王室とのあいだで取り決めを結ぶ必要があった。この取り決めを協約と呼ぶ。内容は、遠征先、発見・征服後に遠征責任者に与えられる権限、彼がはたすべき義務などからなる。

カリブ海地域

ぐに鉱山での採掘へと移行する。それには資金と知識、労働力が必要となる。最大の問題は労働力で、オバンドは、一定区画の先住民から貢納と賦役を徴収する権利、すなわちエンコミエンダをスペイン人に付与することで対処する。エンコミエンダを受領すれば先住民を鉱山で働かせて金を入手できるのだが、エンコミエンダの数にはかぎりがあり、スペイン人全員が受領できるわけではない。

安易に金を入手して故郷に帰るのが困難だからといって、ピサロもコルテスも簡単にあきらめたりはしない。新たな領域を征服しないとスペイン人の不満が暴発し、反乱につながりかねないので、オバンドはエスパニョーラ島各地に遠征隊を派遣する。コルテスはこれに参加し、頭角をあらわしていく。オバンドはその功績を認め、小さなエンコミエンダをコルテスに授けた。さらに、コルテスがサラマンカ大学で法学を学んだ前歴を考慮したからか、新たに創設した町の参事会付き公証人の座をも与えたのである。

エスパニョーラ島の先住民は定住農耕と狩猟、採集によって生計を立てる自給自足社会を形成しており、階層化もあまり進んでいなかった。スペイン人が押し寄せ、金や食糧の供出と賦役を強制すると、先住民はこの新たな負荷にたえきれなくなる。そこに旧世界から、天然痘やインフルエンザ、はしかなどの新たな病原菌、ウイルスがもたらされ猛威をふるうと、急速な人口減少にみまわれた。エンコミエンダ受領者は労働力不足に追い込まれ、新たな供給源を探さざるをえなくなる。その結果、金や真珠の発見と採取に加えて奴隷狩りを目的とする、近隣の島々やアメリカ大陸沿岸部への遠征隊が組織された。アフリカから黒人奴隷が導入されたのも同じ時期だった。

大規模な遠征隊はスペイン王室と協約を結んだうえで派遣されたのに対し(A型)、中小規模の遠征は現地在住の王室役人との協約ないし許可のもとに実施された(B型)。他方で、必要に迫られた者たちが集まっての小規模なものは無許可で実施されることもあった(C型)。

ピサロに即して遠征の実態をみておこう。コロンブスの第二次航海に参加した経歴の持ち主、オヘーダは一五〇八年、王室と協約を結び、翌年、コロンビア北岸の征服に乗り出す(A型)。ピサロはこの遠征隊に加わった。参加予定だったコルテスは病をえて不参加となったという。この遠征は、先住民によって副官が殺されるなどして失敗に終わり、オヘーダは撤退してしまう。新たに副官に指名されたピサロは七〇人の隊員とともにコロンビア北岸に残留し、救援を待つよう命じられた。二カ月が過ぎてもオヘーダからなんの連絡もないため、ピサロがサント・ドミンゴにもどると決めて出航したところ、オヘーダの共同出資者▲ニクエサの副官であるエンシーソが救援にあらわれ、もとの地点にもどらされた。しかし、エンシーソは征服に失敗し、密航者でしかなかったバルボア(一四七五頃〜一五一九)の提案で遠征隊は西へと進路を変更する。一五一〇年末、このバルボアが主導してパナマ地峡のダリエンに大陸部最初の植民地が築かれることとなった(C型)。

一方、コルテスはサント・ドミンゴで次のチャンスをうかがっていた。生来の雄弁とサラマンカ大学での学歴に加え、すでにエンコミエンダを受領し、一定の財産を築いていた彼にとり、有力者とのコネをつくるのはさほど難しくはなかっただろう。コロンブスの息子であるディエゴ・コロン▲が一五〇九年にサント・ドミンゴ総督に任じられ、新たな征服を計画していることを知ると、コルテスは水面下で動き出したに違いない。そのかいもあってか、総督が一五一

▼共同出資者　アメリカ大陸における遠征は経済的利益のための事業でもあった。一人で十分な資金・人員を集められない場合、別の出資者を探し、共同出資のかたちで遠征を組織することがあった。

▼ディエゴ・コロン(一四七四?〜一五二六)　コロンブスの息子。父の死後、一五〇九〜一八年にかけ、エスパニョーラ島サント・ドミンゴ植民地の総督を務めた。写真は彼の邸宅。

一年、エスパニョーラ島平定で功績をあげたベラスケス▲にキューバ征服を命じると（B型）、彼は友人だったコルテスに参加を求めたのである。

ベラスケスはキューバを簡単に征服してしまう。コルテスの活躍はめざましく、ベラスケスのさらなる信頼を勝ちとり、その副官的存在と化す。征服が完了するとベラスケスは初代キューバ総督となり、コルテスは当初、総督秘書を務める。その後、サンティアゴ市参事会の有力者、エンコミエンダ受領者として牧場・農場・金山の経営に乗り出した。

多くのスペイン人がベラスケスの統治に不満をいだくようになると、コルテスが代表者に選ばれ、不満をベラスケスに表明する役割を担わされた。その結果、二人の関係は悪化し、ベラスケスはコルテスを逮捕する。雄弁、人脈構築力、法的実務能力、軍事的資質などがコルテスを若きライバルへと変貌させつつあったのだろう。その資質を捨てがたいと考えたからか、ベラスケスは結局コルテスを釈放した。コルテスが一五一四年頃にスペイン人女性と結婚したさい、ベラスケスは代父を務めるなど、友情の修復をはかっている。

ピサロもコルテスも、カリブ海域で定住と遍歴を繰り返しながら、征服に向

▼**ディエゴ・デ・ベラスケス**（一四六五～一五二四）　キューバ征服で成功をおさめ、一五一一年にキューバ総督に任じられると、メキシコに複数の遠征隊を派遣した。三回目の隊長に選んだコルテスが彼の命令に反してアステカ王国征服に乗り出すと、ベラスケスは以後、コルテス排除のために全力をつくした。

けた訓練を積んでいたわけである。しかし、二人のあいだには違いもあったらしい。例えば、定住中、コルテスは事業経営を経験しているが、ピサロが事業経営に乗り出した痕跡は残っていないのである。

征服者内部の対立

ここでバルボアのその後にふれておきたい。パナマ地峡にダリエン植民地を建設した遠征隊は、オヘーダらがスペイン王室と協約を結んで組織したものだった。それが途中から、密航者にすぎないバルボアの遠征隊となってしまう。これは、前出のA型からC型への転換を意味する。途中で隊を離れたオヘーダは別にして、共同出資者ニクエサの副官であるエンシーソは納得できなかったに違いない。

エンシーソはスペインにもどると、王室に対し、バルボアの不法行為を訴えるにおよんだ。アメリカ大陸の諸問題を管轄する部署――一五二四年に改組されインディアス枢機会議となる――の責任者だったフォンセカ▲はオヘーダの後ろ盾でもあったので、エンシーソの訴えを聞き入れる。フォンセカの提言に従

▼**フアン・ロドリゲス・デ・フォンセカ**（一四五一〜一五二四）　カトリックの高位聖職者として女王イサベルの信頼をえて、アメリカ植民地問題をまかされるようになる。ベラスケスの後ろ盾としてコルテス失脚を画策するが失敗に終わった。

い、国王フェルナンドは事態の収拾をはかるべく、グラナダ戦争、イタリア戦争で活躍した高齢の貴族、ペドラリアス▲をダリエン総督として派遣し、エンシーソもこの遠征隊に参加した。

　バルボアはこれに先立ち、王室と協約を結んだうえでダリエンの南方にあるという黄金の国への道を探るための遠征隊を組織し、一五一三年、山岳地帯をこえて南の海、すなわち太平洋を「発見」するなど、新たな功績をあげつつあった。密航者だったバルボアは今や、王室公認の大規模な遠征の責任者となっていたのである(A型)。一五一四年にダリエンに到着したペドラリアスはすぐにでもバルボアを処罰するつもりでいたが、現地で実力を蓄え、人望も厚かったうえ、総督に従順な態度を示して処罰の口実を与えようとしないバルボアを排除できなかった。そのため、緊張に満ちた均衡がしばらくのあいだ、維持されることとなる。

　ピサロはカリブ海域での経験を買われ、バルボアの太平洋「発見」に参加しただけでなく、ペドラリアス遠征隊の一員だったモラーレスの遠征(B型)にも副官として加わった。コルテスと同様、スペイン人征服者内部の対立をたくみ

▼ペドラリアス・ダビラ(一四四〇〜一五三一)　一五一三年、フォンセカを後ろ盾とし、中米のダリエンに総督として着任したが、一九年には太平洋岸のパナマ市を創設した。自分に従わない者は排除する冷酷さの持ち主で、バルボアらを処刑している。

に泳ぐ知恵を身につけたのだろう。

バルボアは太平洋側の拠点で、南の海にある黄金の国への遠征計画を進めていく。ところが一五一八年末、事態は急変する。スペイン国王に即位したばかりのカルロス一世が新たな総督を任命するのを恐れ、ペドラリアスは突然、反逆者の汚名をきせてバルボアを逮捕させ、翌年一月、処刑するにおよんだ。バルボアを逮捕したのはほかならぬピサロである。

増田義郎が半世紀以上前に日本語読者に紹介した経緯は以上のとおりであるが、ここで私が強調しておきたいのは以下の点である。この経緯からは、征服者内部の対立が新たな征服を生み出すメカニズム（A型からC型へ、C型からA型へ）、対立が渦巻くなか生き残るための知恵、そのなかでのスペイン王室の役割、現地での実力と法に裏づけられた権限のあいだのせめぎあいなど、この時期のカリブ海域の政治社会的状況を特徴づける重要な要因が読み取れるのである。

ピサロは多くのことをバルボアとペドラリアスのもとで学んだに違いない。コルテスはコルテスで、ベラスケスとのあいだの緊張関係を生きていた。一五一八年末からベラスケスの命でメキシコ本土への遠征隊を組織していたコルテスの耳に、バルボア処刑の報が届いたのは確実だろう。コルテスには慎重かつ迅速に事を運ばねばならない新たな理由が加わったのだ。

▼**テオティワカン**　紀元前一世紀から紀元後七世紀にかけてメキシコ中央高原で繁栄した都市国家。右の写真からわかるように、一定の計画にしたがい、建物と通りが整然と配置されていた。最盛期、面積は二〇平方キロ、人口は二〇万人近かったと推定されている。左は右写真の左手奥にある太陽のピラミッド。

②―アステカ王国の征服へ

征服の前提としての先住民文明

カリブ海域での「征服」は交易のための拠点探しか、金や真珠の採取や奴隷狩りのための遠征にすぎなかった。遠征を言葉の正しい意味での征服へと転換する要因はコルテスにもピサロにも見出せない。遠征先の先住民社会の質こそが遠征を征服へと変える要因だったのである。

コルテスが遭遇することになるアステカ王国を例にとろう。一五一九年の時点でメキシコ中央部のほぼ全域におよぶ約二〇万平方キロの領土を支配し、数百万の臣下を擁する国家に成長し、その首都テノチティトランの人口は二〇万をこえていたとされる。首都の周囲には人口が一万をこえる都市が少なくとも一二は存在していた。そこには石造り、あるいはレンガ造りの壮麗な宮殿や神殿、広場や市場などがつくられており、その地を訪れたスペイン人にとり、カリブ海の島々との違いは明白だったに違いない。諸都市を支える経済基盤は、集約的な定住農耕、高度に発達した手工業、現在のグアテマラなど中米にまで

およぶ交易網であり、その全体を統括していたのがアステカ王国だった。

メキシコ中央部にはテオティワカン▲をはじめとして紀元前から高度な都市文明が成立していたが、文明の興亡において大きな役割をはたしたのは、北部の乾燥地帯に暮らす狩猟採集民だった。彼らはチチメカと総称されているが、絶えず北部から中央部、南部へと侵入し、諸文明との衝突、妥協、抵抗、同化、定住、再移動を繰り返す。チチメカは文明という点では劣っていたかもしれないが、機動性、物質的窮乏に対する耐性といった軍事面ではメキシコ中央部の定住農耕民に勝っていたため、文明の興亡を左右する役割をはたしたのである。アステカ王国を建国したのもチチメカ系のメシーカ人であった。

メシーカ人は十四世紀頃にメキシコ中央盆地に到着したが、そこには都市国家が多数存在していたため、広大な塩水湖中の小島にかろうじて定住する。これがテノチティトランの始まりである。彼らは有力な都市国家アスカポツァルコの傭兵として台頭し、十五世紀初頭、テスココ、トラコパンと同盟を結ぶことでアスカポツァルコとの従属の絆を断った。以後、次々と近隣の都市国家を征服し、さらに中央盆地の外側に進出して一大帝国を築きあげたのである。絵

テノチティトランの繁栄　ディエゴ・リベラが描いた壁画の一部で、テノチティトランの繁栄を再現しようとしたもの。リベラが先スペイン期を美化していることがうかがえる。

文書にもとづく情報ネットワークがアステカ王国の優位を支えていた。

　コルテスがテノチティトランに到着したときの王、モクテスマ二世（在位一五〇二〜二〇）は一五〇二年に即位し、領土をさらに拡大する。また、一五一五年、同盟国テスココの王が死ぬと、彼に嫁いでいた自分の妹の子を王座につけ、実質上、テスココを服属させる。モクテスマ二世は中央集権国家形成へと歩を進めつつあったわけだが、それは同時に躓（つまず）きの石でもあった。

　テノチティトランの繁栄とモクテスマ二世の絶対的権力はゆるぎないかのようにみえた。「……有力な領主達が一同（モクテスマ二世と甥たち）の頭上に天蓋を捧げ持ち、さらに別の大勢の領主が先に立ってモクテスマ二世の歩く所をきれいに掃き清めた上に、その足が直接地面に触れないよう布地を敷いた。こうした彼等にとってさえ、モクテスマ二世の顔を見るなどとは思いもよらないことらしく……」これは、本書冒頭の引用文の著者であるスペイン人征服者、ディーアスが記した、はじめて出会ったころのモクテスマ二世の印象である。

　しかし、繁栄の陰でアステカ王国の統治基盤は脆弱化していく。その一因は宗教と政治イデオロギーにある。メシーカ人は、神々に生贄（いけにえ）を定期的に捧げな

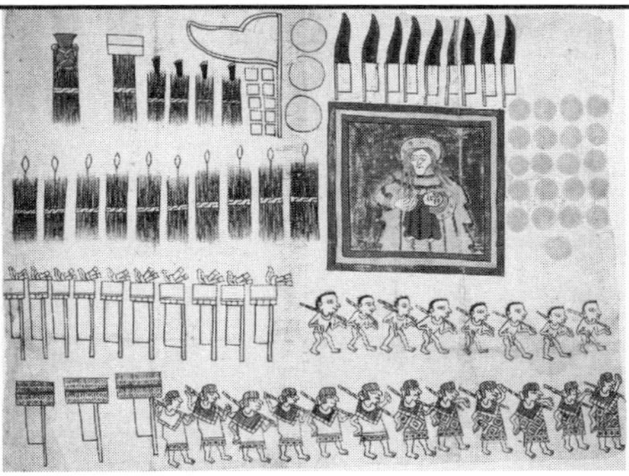

●—アステカの絵文書　先住民の絵師が征服後、先スペイン期の技法をベースに、スペイン絵画の手法も取り入れて作成したもの。写真左側、下段の記号は先スペイン期の伝統にもとづいている。これは、貢納の内容と額、賦役の量といった行政に関わる情報を伝えるものである。

●—モクテスマ二世　十七世紀にはいると、スペイン人の間でモクテスマ二世の肖像画を製作させることが流行する。これはそうした肖像画の一枚。たくましい肉体と物憂げな表情が好対照を成している。

●—テンプロ・マヨール　一九七八年、メキシコ市中心部で地下鉄の建設工事中、テノチティトランの中心部にあった大神殿(テンプロ・マヨール)の遺跡が発見された。写真手前がテンプロ・マヨールで、写真中央に見えるのはカトリックの大聖堂。大聖堂がテノチティトラン中心部を埋め立てた上に建設されたことがよくわかる。

アステカ王国の範囲

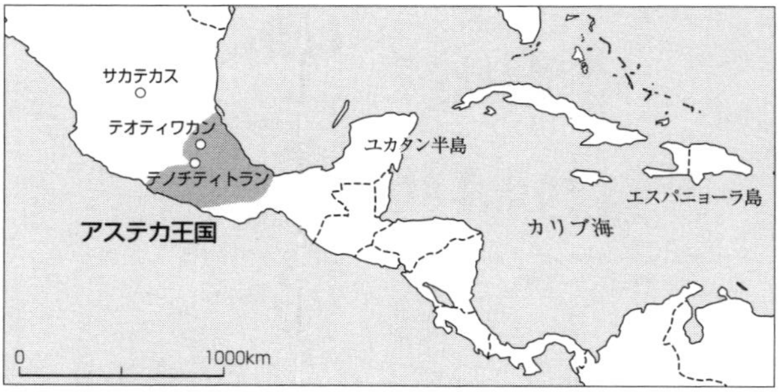

ければこの世は終末をむかえるという世界観をもち、メシーカ人にこそ生贄を捧げる義務と権利があると考えていた。領土の拡大は、各地の多様な産物を入手するためだけではなく、この使命をはたすための手段でもあった。そこでメシーカ人は、服属した民族に貢納の一部として生贄を差し出させるとともに、服属を拒否する民族とのあいだで生贄を獲得するための戦争を繰り返す。服属した民族もまた、同胞を生贄に差し出さないために周囲の民族に戦争をしかけ、生贄を調達する。かくして、アステカ王国が征服と中央集権化を進める一方で、メキシコ中央部では社会全般の軍事化と不安定化が同時に進行し、その結果、メシーカ人への敵意が増幅していたのだ。

なお、スペイン人がメキシコ本土で最初に到達したユカタン半島やグアテマラは、アステカ王国の支配下にはいっておらず、せいぜい、テノチティトランから商人が送り込まれている程度だった。この地域ではマヤ文明が栄えていたが、十六世紀には多くの小国家が割拠し、たがいに争っていたのである。これが、コルテスが対峙することとなる先住民社会の状況であった。

ベラクルス市の創設

ベラスケスが総督を務めるキューバでは金がとれたが、その産出量は急激に減少していく。金山を開発しようにも先住民の数が激減していたから、スペイン人入植者たちは窮乏化の危機に直面していた。そこで、エンコミエンダをつうじてすでに富を蓄積していたコルドバと貧しいスペイン人とが集まり、中米沿岸部への奴隷狩りのための遠征実施を決めた。彼らは総督ベラスケスと話し合い、ベラスケスが三隻中の一隻を用意する条件で彼らに独占的に「交易」する権利を認めるという内容の協約を結ぶ(B型)。

コルドバの遠征隊は一五一七年二月にキューバを発(た)って南西をめざすが嵐のため偶然、ユカタン半島北部に到達する。そこで彼らはマヤ系の小国家を見出し、戦闘と金の略奪を繰り返しながら半島西岸を南下し、タバスコまで到達すると糧食がつきたため、キューバにもどる。マヤ人の軍事力は遠征隊による奴隷狩りをはばんだが、コルドバが二人のマヤ人をキューバに連行した事実は注目に値する。これが、コルテスによる征服の布石となるのである。

ベラスケスは、この知らせを聞くとさっそく王室と協約を結び、自ら次の遠

トゥルムの遺跡　十三世紀から十五世紀にかけて繁栄した、ユカタン半島東岸に位置するマヤ系都市国家。グリハルバの遠征隊が「発見」したという説もある。スペイン人による征服後、急激な人口減少に見舞われ、十六世末までに放棄されてしまった。

征隊を組織する(A型)。隊長には甥のグリハルバを選び、四隻の船も用意した。一五一八年四月、グリハルバはキューバを発ち、ユカタン半島東岸から西岸、さらに北に向かって非マヤ系の人々が暮らすメキシコ湾岸中部まで達した。そこで彼らは金を入手するとともに、さきにコルドバが連行した二人のマヤ人通訳を介し、西方にそびえる山脈の向こう側には強大で豊かな王国が存在するという情報をえてキューバへともどった。九月のことである。

グリハルバの帰還後、ベラスケスは、この西方の王国との交易を目的とする遠征隊の派遣を決める。その隊長に選ばれたのがコルテスだった。隊長に選ばれた彼が最初におこなったのは、「金の記章が付いた鳥の羽飾りを被る」など服装に気を配ることだったというのだから、庶民派のピサロとは大違いである。この人選に関し、ベラスケスは悩んだらしい。彼の親戚らが、コルテスはこの遠征隊を乗っ取るに違いないと吹き込んだのである。そこで隊員のなかに腹心の部下を加えさせた。コルテスはキューバ各地に征服、植民のための人員を募っているというふれを出し、ベラスケスが出資した三隻に自ら用意した三隻を加えた計六隻で一五一八年十一月にサンティアゴ港を出帆する。不安を募らせたベラスケスは遠征の中止を決め、一行が次に寄港する予定だったトリニダードに命令を送った。

コルテスはトリニダードでも、人員・食糧・馬などを調達していた。遠征への参加を決めた者のなかには大貴族の従兄弟やベラスケスの親戚、友人も少なくない。そんななか、遠征中止命令が届いたのだが、コルテスは有力者たちを説得し、味方に引き入れた。結局、ベラスケスの命令をトリニダードまで伝えにきた人物さえ、遠征を中止すると有力者たちが蜂起しかねないという理由で遠征続行を支持し、船に乗り込んでしまった。コルテスのたくみな「外交」戦術の産物といえる。コルテスはベラスケスに、下心のないことを伝えるための私信を送ったうえで、ハバナに向かう。

ハバナで船などを調達していると、また遠征中止命令が届く。しかし、コルテスはこれを無視し、二月十一日、ユカタン半島に向けて出航した。その前日、ここでもベラスケスに同趣旨の私信を送っているが、これはバルボアの二の舞を避けるためだったのだろう。

遠征隊はユカタン半島東岸にあるコスメル島に到着し、そこで点呼したとこ

コルテスの遠征

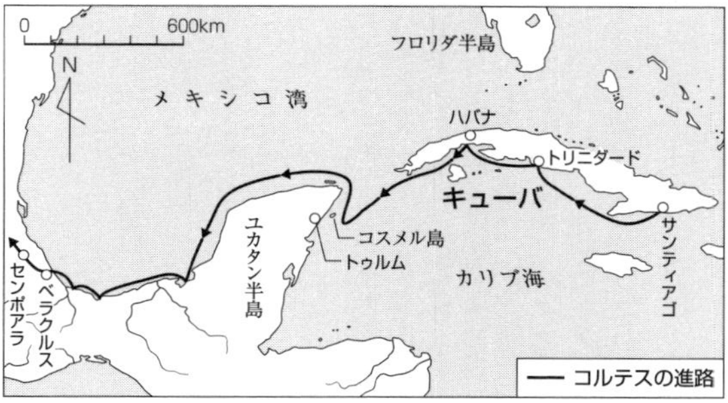

ろ、歩兵五〇八人、船員一〇九人、弓兵三二人、小銃手一三人、大砲一四門、大量の火薬・弾薬、一六頭の馬と多数の猛犬が一一隻に分乗したと判明する。コルドバ、グリハルバの遠征参加者もおり、コルテスは彼らの経験を活用しつつ、交易、交渉、戦闘を繰り返しながら半島を周回してゆく。

ここで留意すべきは次の二点だろう。先遣隊としてコスメル島に上陸した副官アルバラード▲が、集落の家々から食糧や金品を奪ったのだが、コルテスはこれを譴責（けんせき）し、略奪などを禁止すると隊員全員に申しわたした。こうした暴力行為は高度な文明を擁するメキシコでは敗北をまねきかねないとコルテスが認識したことが、この命令から推測できる。

二点目は、コルドバによってキューバに連行されたマヤ人、メルチョレーホを通訳として同行していた事実である。ここからは、コルテスが通訳の役割を重視していたことがわかる。アルバラードが捕虜にした三人の先住民を解放するにあたり、コルテスはメルチョレーホを介して自分たちは戦争をしかけにきたわけではない、だから恐れる必要はないと残りの村人に伝えてほしいと諭（さと）したとされる。以後、通訳を介して自分たちには戦争をしかける意思がないとま

▼**ペドロ・デ・アルバラード**（一四八五～一五四一）　キューバ征服で頭角をあらわし、コルテスによるアステカ王国征服では副官を務めた。アステカ王国征服後、中米征服のための遠征隊を組織し、グアテマラ総督に任じられた。先住民への残虐行為で知られる。

ず先住民に伝えるのは、コルテスの常套手段と化す。

ところで、コルテスはメルチョレーホだけに頼るのは危ういと考えたらしい。実際、グリハルバの遠征中、メルチョレーホらの通訳が不適切だったせいで村人たちが逃げ出したことがあった。そうした状況下、コルドバの遠征に参加した者たちから、先住民が「カスティラン」と繰り返していたと聞くと、コルテスは「カスティラン」とはカスティーリャの訛(なま)りではないか、とすればこのあたりにスペイン人が漂着したのではないかと推理したらしい。そこで、首長たちにたずねると、スペイン人漂着者のうち二人が生き残っていると判明する。彼らを呼び出すため使者を送ると、一人が先住民と変わらない姿でやってきた。アギラールという名で、以後、スペイン語とマヤ語の通訳として征服に貢献することになる。

先住民に対する略奪の禁止と、通訳を介しての先住民とのコミュニケーションの円滑化とが、コルテスの征服を特色づけていく。出会った先住民社会がカリブの島々と違うことに気付き、適切に対処する能力こそが、奴隷狩りから征服への転換には不可欠だった。

▼マリーナ(?〜一五二八頃)　マリンツィン、マリンチェとも呼ばれるメキシコの先住民女性。コルテスの愛人となり、通訳としてアステカ王国征服に貢献した。そのことで先住民を裏切った「国賊」扱いされてきたが、近年、植民地状況を必死にかつたくみに生き延びた女性として注目を集めている。征服後、先住民系絵師はしばしばコルテスによる征服の様子を描いたが、左はそのうちの一枚である。先住民側は、コルテスとマリーナが一心同体であると認識していたらしく、この絵の右側がそうであるように、多くの場面で二人をセットで登場させている。

一五一九年三月、先住民とのコミュニケーションという面で決定的なできごとが起きる。ユカタン半島西岸を南下し、今度はメキシコ湾岸を北上していくが、その直後、一行はタバスコに達する。そこではかつてグリハルバ隊が歓迎されたのだが、今度は住民が武装していた。コルテスはアギラールを介し、水と食糧の供給と交易が目的だから平和裏に上陸させてほしいと伝えるが、タバスコの首長はそれを拒んだ。このあたりの出身だったメルチョレーホが一行から逃亡し、首長らに入れ知恵したとされる。両者は戦端を開き、先住民は激しい攻撃を加えたが、コルテスらはなんとかこれを凌ぎきった。

和議を結んだのち、首長たちはコルテスに金や食糧だけでなく女奴隷を二〇人贈った。そのうちの一人はマリーナ▲という洗礼名を授かり、コルテスの愛人となった。このマリーナは北方の首長の家に生まれ、メシーカ人が使うナワトル語を母語としていたのに加え、タバスコのマヤ人に奴隷として売られて生活するなかマヤ語も習得していた。この瞬間、コルテスの言葉をアギラールがマヤ語でマリーナに伝え、それをマリーナがナワトル語に翻訳するという回路が確立したのである。ナワトル語はメキシコ中央部の共通語だったから、コルテスはマリーナをつうじて各地の情勢を正確に把握できるようになったのだ。

マリーナは当初、スペインの大貴族の従弟であるプエルトカレーロに与えられたのだが、彼女の聡明さに気付いたコルテスが自分の愛人にしたといわれる。スペイン語を覚えると、現地の人々とコルテスを直接つなぐ役目を彼女が独占することになる。モクテスマ二世とコルテスの「会話」を成立させたのもマリーナだった。なお、コルテスは各地で女性を贈られる。センポアラ、トラスカラでは首長たちの娘、最後はモクテスマ二世の娘といった具合である。それでも、マリーナがコルテスの主たる通訳の座を失うことはなかった。

さて、コルテスらはさらに北上し、一五一九年四月、現在のベラクルス付近に到着する。すると、彼らの動静を探っていたモクテスマ二世の使者が食糧と王からの贈り物を持参して彼らをむかえたのである。モクテスマ二世は、コルドバやグリハルバと同様、金を与えればコルテスは満足してキューバにもどると考え、使者をつうじて退去するよう伝えた。しかし、これは逆効果だった。コルテスはかえって征服の決意をかためたのだから。

ところが、遠征隊に参加したベラスケス派の多くは財産と地位をキューバに残してきており、強大な王国の征服で無駄死にするのを恐れてキューバへの帰還を主張する。一方、財産も地位もない者たちは征服を支持する。そこでコルテスはベラクルスにスペイン人都市を創設するという挙にでた。中世スペインでは、都市の創設は近隣の領主による支配を脱し、国王の臣下になることを意味していた。征服を支持するメンバーでかためた市参事会から司令官に任じられることで、コルテスはベラスケスの支配を脱し、内陸部を征服する権限を確保したのだ。

これは、バルボアの場合と同様、遠征のA型からC型への転換であった。しかし、コルテスはさらに慎重を期し、この司令官任命を承認してほしい旨の書簡を作成し、ここまでの戦利品と合わせ、二人の使者にこれを託し、スペインに派遣することを決める。王室に働きかけるには身分の高い人間でなければいけないので、大貴族と縁続きのプエルトカレーロ、モンテーホを選ぶほどの念のいれようである。二人は一五一九年七月、スペインに向けて出立した。

コルテスは同じころ、ベラクルス近郊のセンポアラとその周辺に暮らすトトナカ人の首長たちと同盟を結ぶ。彼らはアステカ王国に征服されたばかりで徴税吏たちの横暴に苦しめられ、救援を求めてきたのだ。コルテスは、現地住民のあいだでメシーカ人に対する敵意が渦巻いていることを知る。徴税吏を捕縛することでトトナカ人の信頼をえた彼は、先住民間の対立につけこめばアステカ王国を征服できると判断する。周辺の先住民を動員してベラクルス市に砦を築かせ、一握りのスペイン人にその守備を委ねると、一五一九年八月、コルテスは残りのスペイン人とセンポアラの先住民からなる連合軍を率い、西方の山中に分け入った。

なお、これに先だち、コルテスは捕縛したアステカの徴税吏たちを密かに脱走させたが、それは、彼らがテノチティトランにもどり、自らに関する好意的な評価をモクテスマ二世に伝えることを期待しての措置であった。コルテスは以後、アステカ王国と反アステカ勢力の双方に配慮した二重外交を展開するが、これがその原点であった。

いざ、テノチティトランへ

センポアラの首長たちはコルテスに、アステカ王国を倒すにはメシーカ人と長年対立しているトラスカラ人の支持が不可欠だと助言していた。標高三〇〇〇メートル近い峠での寒さなどにたえ、トラスカラとの境界に達すると、コルテスは和議を結ぶための使者としてトトナカ人を遣わしたのだが、埒（らち）が明かない。トラスカラ人は、センポアラがアステカ王国に服属したと聞いていたので信用しなかったのだ。そのため、コルテス一行とトラスカラ人のあいだで戦いの火蓋がきって落とされる。

激しい戦闘は一五一九年九月一日から十日まで続く。トラスカラの大軍を前にしてスペイン人・センポアラ連合軍は苦戦をしいられる。スペイン人の恐怖は極限に達していたようだ。戦闘に参加した年代記作者のディーアスによれば、「そう〔トラスカラ軍が五万人を数えている〕と分ると我々も人の子である以上、死ぬのは怖かった。……大勢の者がメルセス会士の神父ファン・ディーアス神父に罪の告解をした。二人の神父は夜を徹して一人一人の改悛のことばを聴いてはその者のために神の加護と武運長久を祈り求めた」というのだから。トラスカラ人との和議が現実味をおびるにいたってもトラウマはぬぐえず、ベラスケス派の一部は「トラスカラ人にでさえ、我々はあと一歩で殺られる寸前で

テノチティトランまでのコルテスの進路

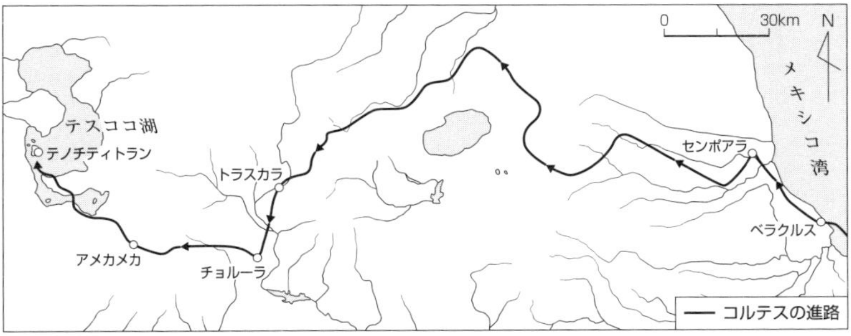

した。……〔彼らよりも勇猛なメシーカ人の暮らす〕メシコを目指すのは冒険に過ぎるように思います」とコルテスに進言した。しかし、主戦派の支持を受け、コルテスは退却を拒絶する。

トラスカラとの和議が成立したころ、モクテスマ二世の使者がコルテス陣営に姿をあらわし、トラスカラの首長たちと鉢合わせになることがあった。コルテスはあわてず、双方に平和を約束するという二重外交を展開してみせる。窮地でもたくみな外交術を駆使するコルテスの余裕はきわだっていた。

コルテスらはその後、トラスカラ、チョルーラ、アメカメカに滞在する。チョルーラでは三〇〇〇人もの住民を虐殺し、モクテスマ二世に圧力をかけたとされる。一五一九年十一月初め、テスココ湖南岸に到達するが、本書の冒頭で引用した言葉は、ここから北に位置するテノチティトランを望んだときのものである。十一月八日、コルテスはテスココ湖の堤道上でモクテスマ二世とついに出会うこととなる。

モクテスマ二世はコルテスを歓待する一方で、ベラクルスに残ったスペイン人部隊への攻撃を命じていた。これを知ったコルテスは十一月十四日、モクテスマ二世を「幽閉」する。「幽閉」後のモクテスマ二世は宗教面を除き、コルテスの要望に次々と応じていったため、メシーカ人の若き王族のなかには王の振る舞いを批判する者もでてくる。ともかく、およそ半年間、コルテスは王を介してアステカ王国を間接統治し、莫大な富をかき集める。

ところが一五二〇年五月、状況は一変する。ベラスケスがコルテス懲罰のため、ナルバエス▲を隊長とする遠征隊をベラクルスに派遣したのである。メシーカ人はすでに不穏な動きをみせていたが、コルテスは一二〇人のスペイン人を副官アルバラードに残して首都の防衛をまかせると、五月十日、ベラクルスに急行した。そうしたなか、五月半ば、テノチティトランの大神殿でメシーカ人が儀礼を開始すると、アルバラードらは恐怖に駆られ、多数の参加者を虐殺してしまう。これを契機にメシーカ人が蜂起し、スペイン人と彼らの協力者と化したモクテスマ二世、彼の家族を宮殿においつめた。

同じころ、コルテスは、たくみな戦術と雄弁を駆使してナルバエスを逮捕し、彼の隊員の大半を自らの軍に編入したところであったが、この知らせを聞いて急遽テノチティトランにもどる。しかし、蜂起した臣下を鎮めようとしたモク

▼パンフィロ・デ・ナルバエス（一四七〇?〜一五二九）　キューバ総督ベラスケスの命令でメキシコに向かうが、コルテスに敗れ捕虜となる。コルテスがカール五世に送った報告書簡中、自分の敗北に関する部分が名誉毀損にあたると王室に訴え、すでに出版されていた報告書簡の回収と出版禁止を求め、認められた。釈放後フロリダ征服に赴いたが、嵐に遭って水死した。

テスマ二世が、彼らの投げた石に当たって負傷し、死にいたるなど、コルテスも状況を統制できず、六月三十日深夜、命がけの脱出を試みた。猛攻を凌いで窮地を脱したものの、財宝や多数の人命に加え、先住民との戦いで絶大な力を発揮してきた多くの馬を失うこととなった。「悲しき夜」と命名されるほどの惨敗だった。

トラスカラ人はメシーカ人からの同盟申入れを拒み、敗走するコルテスらを迎え入れた。ただし、彼らは忠誠と引き換えに、戦利品の山分けや免税特権の授与といった厳しい要求を突きつけ、コルテスはそれを受け入れざるをえなかった。トラスカラ人からすれば、アステカ王国の征服はスペイン人だけの事業ではなく、トラスカラ人との共同事業となったのである。それでもコルテスは動ぜず、キューバへの帰還を望む声を無視してテノチティトラン攻略計画を練りあげていく。他方、メシーカ人はモクテスマ二世の弟、クイトラウアクを即位させ、若く、好戦的な王のもと、戦闘準備とコルテス包囲網構築のための外交工作に力をいれていたが、この王はナルバエス遠征隊とともにメキシコにはいってきた天然痘にかかって死んでしまい、従弟にあたるクアウテモクが即位し、後事を託された。なお、この二人は、モクテスマ二世の娘であるイサベルと結婚しているが、それは自らの正統性を確固たるものとしたかったからだろう。

以後、コルテスは着々と計画を実行していく。まずベラクルスとの安全な交通路を確保するためアステカ支配下のテペアクを征服し、新たな拠点とするが、これはトラスカラへの依存度を低下させることにもつながった。このころから、近隣の町はコルテスに使者を派遣するようになる。それらの町はアステカ王国に対する不満を募らせており、メシーカ人からの自立を支援してほしいと要請したのである。兵力がかぎられているなか、コルテスはできるだけ要請にこたえ、各地でメシーカ人を打ち破り、テノチティトラン包囲網を広げた。

トラスカラにもどったコルテスは一五二〇年末、テスココに赴き、無血で制圧する。テノチティトランと長年同盟関係にあったテスココが帰順したことで、メキシコ中央盆地外部の町からも使者が派遣されるようになる。コルテスはテスココ湖をほぼ一周し、町々を苦しめていたアステカ軍を撃退していく。包囲網は完成に近づいた。しかも、一五二一年一月から四月にかけ、ベラクルスにはスペイン人の応援部隊が到着し、コルテスは人員と馬、武器・弾薬を補充する。テノチティトラン攻略に異を唱えるベラスケス・ナルバエス派の声を掻き消すに足る援軍だった。湖上からの攻囲用に建造させていた小型帆船一三隻が完成し、コルテスは五月末、総攻撃を命じる。陸上部隊を三つに分け、自らは船隊を率いるという布陣だった。

テノチティトランのメシーカ人は激しく抵抗し、戦いは一進一退を繰り返す。コルテスはクアウテモクに和議を申し入れるが拒絶され、テノチティトランの街区を確保すると即座に家屋をすべて破壊して陣地にもどり、翌日は別の街区で同じことを繰り返すという殲滅（せんめつ）戦にでる。メシーカ人による屋上からの攻撃を防ぐためだった。それでも必死の抵抗が続き、スペイン人側にも大きな損害がでる。コルテスですら、メシーカ人が生け捕りを目的としていなければあとわずかで殺されるところだった。実際、多くのスペイン人が生け捕りにされ、神殿で生贄に捧げられる様子を、仲間たちは遠くから見つめるしかなかった。

孤立したテノチティトランで飢えや疫病のため多数の死者がでるなか、八月十三日、クアウテモクはカヌーで脱出を試みたところを小型帆船に捕捉される。

総攻撃開始から七五日目、首都攻防戦は終わった。コルテスは以後、部下たちを各地に派遣し、アステカ王国内外の都市国家を次々と服属させていく。点ではなく面を支配する征服への転換である。

カルロス一世は一五一九年、神聖ローマ皇帝に選出され、カール五世を名乗るようになっていたが、彼がコルテスを総督、総司令官、主席判事に任じたのは一五二二年十月、その勅令が本人に届くのは一五二三年九月のことだった。ベラスケスの後ろ盾だったフォンセカが宮廷内の権力争いに敗れ、失脚したことが影響したのだろう。コルテスはこうして、C型の遠征をA型の遠征へと事後的に変更し、バルボアの悲劇を回避したのである。

これに先だちコルテスは、実質上、総督として植民地統治確立に向けた諸措置を実施する。その一つが、テノチティトランの跡地にヌエバ・エスパーニャ▲植民地の首都たるメキシコ市を創設する試みだった。多くのスペイン人はこの計画に反対する。テノチティトランはその立地ゆえに洪水をまぬがれず、淡水の供給も困難だったからである。しかし、テノチティトランとの連続性を重視したコルテスは反対意見を退け、建築技師ガルシアにテノチティトラン再建、

▼ヌエバ・エスパーニャ　スペイン人が現在のメキシコにつけた名称である。誰が、いつ、そう名付けたのかは不明だが、一五二〇年には現地ですでに用いられている。王室は二二年、コルテスをヌエバ・エスパーニャ総督に任じることで、ヌエバ・エスパーニャ植民地を正式に承認した。

●——**テノチティトランをめぐる攻防**(上・中)**と、征服後、繁栄をきわめたメキシコ市の様子**(下)**を描いた屏風**　十六世紀末以降、マニラ経由で日本の屏風を入手したメキシコ市のエリートのあいだで、屏風は大流行し、国交断絶後、エリートたちは現地の絵師に屏風を発注するようになった。いずれも、そうした現地製の作品である。

すなわちメキシコ市建設のための基本設計を委ねる。コルテスがこの連続性を重視した点を考慮すると、彼がモクテスマ二世の娘イサベルを愛人とした事実をたんなる放蕩で説明するのは無理がある。アステカ王国最後の国王であるクイトラウアク、クアウテモクがそうしたように、コルテスがイサベルを自らのものとすることでモクテスマ二世の正統な後継者だとメシーカ人に印象づけようとした可能性は排除できないのだ。

ところで、ガルシアは一五一三年、ペドラリアスとともにダリエンにやってきたのだが、一五二〇年八月、内陸に分け入ろうとする直前のコルテス一行に合流したとされる。ペドラリアスはそのころ、太平洋岸にパナマ市を創設したのだが、ペドラリアスに従って遠征に参加したピサロは報奨としてエンコミエンダを与えられている。ここでコルテスを離れ、ピサロに目を転じることにしよう。

③―パナマ、カハマルカ、クスコ

パナマでの準備期間

　ペドラリアスはカリブ海側のダリエンを放棄し、一五一九年九月、太平洋岸に新たにパナマ市を創設する。表向きの理由は、ダリエンは次々とスペイン人が熱病で死んでしまうほどの不健康な土地だったからとされるが、増田義郎が推測しているように、実際の目的はバルボアの記憶を消し去ることだったのかもしれない。

　後任の総督が到着直後に病死したため、ペドラリアスは総督の地位にとどまっていた。当時、パナマ地峡にもコルテスによる高度な文明発見、それに続くアステカ王国征服の知らせは届いていた。しかし、総督が創設直後のパナマを離れるわけにはいかない。そこでペドラリアスは中米のニカラグアなどに遠征隊を派遣していく。彼は一五一四年以降、一緒にダリエンに到着した子飼いの部下だけを遠征隊の隊長に選んできた。二二年、南に向かう遠征隊の隊長にも子飼いのアンダゴーヤを選ぶ。アンダゴーヤは南に黄金の国があるという情報をえたが、難しい航路で成果も乏しかったため、ペドラリアスは南への関心を失う。

ピサロはパナマ市参事会の有力者となっていたが、隊長に選ばれないことに不満を感じていたのだろう。そこで残された南に賭け、聖職者のルーケ、カスティーリャ地方出身のアルマグロ▲と共同出資して遠征隊を組織することに決める。ピサロの出資額はアルマグロのそれを大きく上回っており、アルマグロは経営能力を欠いたピサロにかわり、人員と食糧の調達や資金管理を担当するジュニア・パートナーだったのだろう。ピサロは最後までアルマグロを対等の存在とはみなさず、それが禍根を残すことになる。

ペドラリアスの許可をえたピサロは一五二四年十一月、一〇〇人からなる遠征隊を率いてパナマを出航するが、諸困難を克服できずパナマ近くの島までもどってしまう。そこで合流したアルマグロが新たな遠征許可をえるためパナマに向かうが、総督を説得できず、ルーケの介入でなんとか許可がくだされた。一五二六年末、二回目の遠征隊が組織された。飢えと乾きに苦しめられつつ南下するが限界に達し、アルマグロがパナマに補給に向かいピサロが現地に残留

▼ディエゴ・デ・アルマグロ（一四七五?〜一五三八）　ピサロの共同出資者、ないし副官としてインカ帝国征服、とくにクスコ攻略戦で活躍した。しかしピサロと対立するようになり、ピサロの弟エルナンドにより処刑された。

することニ回。アルマグロが再合流すると一行は南下を続け、トゥンベスで高度な文明の存在を確認する。新たな敵に立ち向かうには人数不足だとわかり、パナマに帰還したが、この間、ピサロは忍耐力と残留組の不満を抑えきる器量を発揮している。

二回目の遠征隊に関して注目すべきは、四人の先住民をパナマに連れ帰った点である。パナマにもどったピサロは、南の国の征服と統治の権利を確かなものとするため、一五二八年四月、スペインに向けて出発するが、そのうちの二人を同行させた。このマルティニーリョとフェリピーリョがのちに通訳としてインカ帝国征服に関わることとなる。

一五二八年五月、ピサロはスペイン南部の修道院でコルテスと会い、さまざまな知恵を授かったという説があるが、ピサロがスペインに到着したのはその年末なので、この説は作り話だろう。翌年五月、ピサロはトレドでカール五世に謁見したあと、カール五世がスペインを離れたため王妃イサベルとのあいだで、南の国の征服に関する協約を取り交わす。ルーケにはトゥンベス司教、アルマグロにはトゥンベス要塞司令官の位が授けられただけなのに対し、ピサロ

▼セバスティアン・デ・ベナルカサル（一四八〇～一五五一）　ニカラグア征服で頭角をあらわし、ピサロによるインカ帝国征服、とくに北部のキート攻略で功績をあげた。のちにポパヤン地方の総督に任じられた。

▼エルナンド・デ・ソト（一四九五？～一五四二）　パナマ総督ペドラリアスの命でニカラグア征服に参加したのち、ピサロによるインカ帝国征服に加わって功績をあげた。その後フロリダ征服に乗り出したが病死した。

クスコまでのピサロ軍の進路

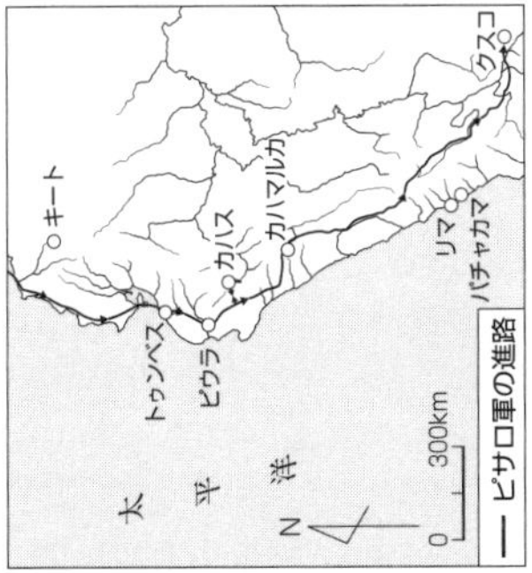

自身にはペルーの総督、総司令官、主席裁判官など複数の地位を確保する内容で、アルマグロとの溝を広げることとなる。

以後、ピサロはスペイン国内で遠征の参加者を募るが、予定を下回る一二〇人しか集まらなかった。参加者の多くはエストゥレマドゥーラ出身で、そのうちピサロの故郷トゥルヒーリョ出身者が一七人にのぼった。そのなかには彼の弟が四人、すなわち父の嫡男であるエルナンド、庶子のファンとゴンサーロ、異父弟のアルカンタラが含まれている。エルナンドはナバラ戦争に従軍して大尉の位をえた経歴と識字能力を活かして兄を補佐する一方、傲岸不遜な性格で、平民のアルマグロをことあるごとに軽蔑し、対立の火種をつくっていく。

ピサロがパナマにもどると、協約の内容やエルナンドの地位をめぐってアルマグロの不満は頂点に達しかける。なんとか事態を収拾したピサロは、アルマグロをパナマに残して人員・物資の調達に専念させる一方、自らは一五三一年一月、一八〇人の人員と三七頭の馬からなる一行を率いてパナマを発った。エクアドル各地で金や食糧を略奪しながら南下し、金の一部をニカラグアに送って征服参加者を募ると、かつての仲間、ベナルカサル▲とソト▲の二人が人員と馬、武器をたずさえて合流した。ふたたび訪れたトゥンベスでピサロは、通訳を介し、インカ帝国が王位継承をめぐって内戦状態にあることを知る。

ここでインカ帝国の状況を検討しておこう。

現在の南米とインカ帝国の範囲

征服の前提としての内戦

ペルー、ボリビア、エクアドル、チリの太平洋岸およびその東側にそそり立つアンデス山脈では、紀元前から高度な文明が興亡をくりひろげてきた。インカ人は十四世紀頃にクスコ盆地に到達した新参者にすぎない。ところが、十五世紀にはいると、インカ人は突如、クスコ盆地外部への軍事的遠征と領土拡大を繰り返すようになり、十六世紀初頭までに北はエクアドル、南はチリ北部、東はアンデス山脈東側のブラジルとの国境付近までを支配下におく。この領域は、標高四〇〇〇メートルをこえる寒冷な高原地帯から太平洋岸の砂漠、エクアドル、ブラジルの熱帯雨林にいたる多様な生態系を包摂していた。

当然、住民内部には大きな差異が存在した。熱帯雨林の狩猟採集民から独自の文明と国家を築きあげた民族までが一〇〇年足らずで征服されたのだから。

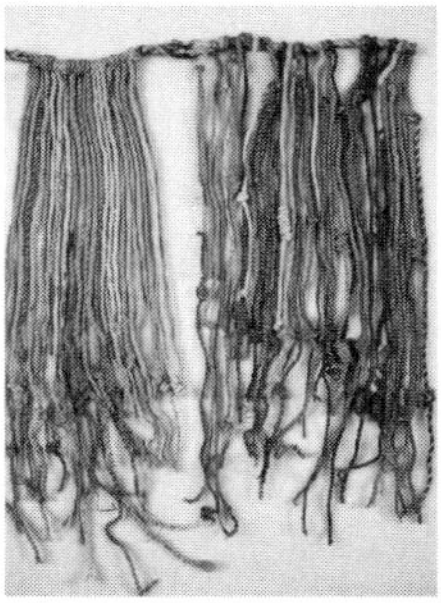

キープ　アンデス世界で伝統的に使用されていた道具で、複数の紐を組み合わせ、色や結び目でもって情報を記録、伝達するために使われていたとされる。

インカ王は多様な臣民を支配するため、中央集権的な行政機構と現地首長層の自立性を組み合わせた精巧な統治システムを発達させる。それは、統治の正当性を支える宗教とイデオロギー、同一の暦にもとづいてイデオロギーを演出する諸儀礼、イデオロギーを物質化した織物や土器の分配、多様な地域間での産品の交換を可能にする道路網や倉庫群、数的な情報の伝達を可能にするキープなどによって支えられていた。恩恵の授与とそれに対する返礼としての貢納・賦役の体系は微妙なバランスを必要とし、領土が広がるほどバランスはくずれやすくなる。

　インカ帝国が急速に領土を拡大した要因は一つではない。王個人にとり、戦争や外交での領土の獲得は威信高揚、権力基盤の安定化につながる。また、歴代の王は自らの家族と子孫のために広大な王領を設けたが、時代がくだるほどクスコ周辺に王領を設けるのが難しくなり、さらに遠方に目を向けていったのかもしれない。底辺からみれば、インカ帝国のもたらす恩恵に浴するために遠方の民族が服属することを選び、帝国領土の拡大につながる場合もあっただろう。

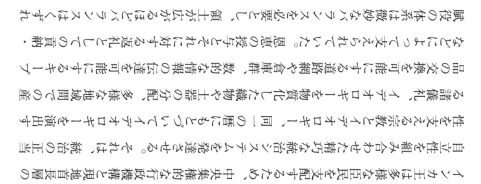

ただ、帝国がこれだけ拡大すると、いかに精妙に構築されたとはいえ、互酬・再分配にもとづく統治システムには大きな負荷がかかり、わずかな変調でもシステム全体を狂わせたり、システムに統合された服属民の伝統的な生存維持メカニズムを崩壊させたりすることがありえただろう。帝国維持に欠かせない微妙なバランスを容易にくずしうる地点まで、インカ帝国は肥大していたのではないか。

具体例をあげよう。増田義郎が指摘しているように、領土の拡大はインカ帝国のエリート層に分裂をもたらした。インカ王は最高の神官であると同時に軍の最高司令官であったが、征服先がクスコから遠ざかるほど、クスコに残る神官層と遠征に参加する軍事指導者層との溝は深まる。エリート層の分裂は、一夫多妻制にともなう多数の王位継承者間の競合、継承ルールの曖昧さ、領土拡大に起因する地域間の対立などにより増幅する。

十六世紀初頭、インカ王ワイナ・カパックはエクアドルの平定に力をつくし、キートに拠点を築いた。その後継者とされていた兄のワスカルがクスコの神官層のあいだで成長したのに対し、異母弟のアタワルパは父ワイナ・カパックと

クスコにスペイン人が建設したサント・ドミンゴ修道会の建物　基礎部分(左)は、インカ時代の石積みであり、コリカンチャの神殿であった。

その軍事指導者たちとともにキートで育つ。帝国の南と北、クスコとキート、ワスカルとアタワルパ、神官層と軍事指導者層。帝国の拡大こそが内部分裂の火種を生んだのである。

そんななか、一五二〇年代後半、キートを疫病が襲い、ワイナ・カパックが死去する。ワスカルがクスコで即位するが、それを認めない軍事指導者たちに支持されたアタワルパがキートで蜂起し、帝国は内戦に突入する。軍事力にまさるアタワルパは勝利を重ね、クスコに派遣した司令官がクスコを占領し、ワスカルを捕縛するにいたった。インカ帝国がバランスをくずしたまさにこの時、ピサロはトゥンベスからアンデス山中へと向かったのだ。

カハマルカからクスコへ

ピサロがアタワルパを捕囚した場に居合わせたペドロ・ピサロはその四〇年後、アタワルパとワスカルが争っていなければ、スペイン人がインカ帝国に勝利をおさめることは不可能だったろうと回想している。内戦の情報をえたピサロにとり、これをどう利用するかが最大の関心事となる。

●クスコの中央広場　征服後、スペイン人が建設したものだが、山間のわずかな平地を利用していることがよくわかる。

●歴代インカ王の肖像　植民地時代に作成された図像で、歴代インカ王、および征服後に植民地統治の責任者となった歴代副王の肖像と簡単な経歴が記されている。中段の右から二番目がアタワルパ。二三頁で紹介したモクテスマ二世の肖像画がメキシコでそうだったように、ペルーで暮らすスペイン人にとり、先スペイン期、征服を記憶するためのアイテムとして機能したのだろう。

一方、インカ帝国の側にもピサロの二回目の遠征以来、スペイン人に関する情報は伝わっており、アタワルパは一五三二年五月にピサロ一行がトゥンベスを発ったことも把握していた。ピサロらが攻撃を受けずに行軍しえたのは、アタワルパが攻撃よりも情報収集を優先したからだろう。もちろん、ピサロの慎重さも見逃せない。例えば、トゥンベスから九日間進んで到達したピウラ周辺では四カ月ほどの時を費やし、情報収集に努めているのだが、この地が戦略上重要だと認識すると都市を創設し、九月二十四日にピウラを離れるときには五五人のスペイン人市民に防衛をまかせている。これだけ時間をかければアタワルパの情報網から逃れることは不可能だった。実際、行軍中、アタワルパの使者が何度か贈り物をたずさえてピサロを訪ね、アタワルパはカハマルカという町で一行を待ち受けていると伝えた。コルテスに引き返すように懇願したモクテスマ二世との違いは明白である。

カハスという町の首長たちはピサロに対し、アタワルパは罠をしかけているのだと忠告した。帝国内部でアタワルパに対する忠誠が失われていたのだろうか。ピサロらはこの忠告を聞き、インカ帝国内部の対立に関する確信を深めたに違いない。標高二七五〇メートルのカハマルカに向かってアンデスをさらに南下するにあたり、荷物を運ぶためにかなりの数の先住民が同行していたが、それがアタワルパの命によるのか、反アタワルパ的感情によるのか、スペイン人の強制によるのかは定かではない。

一五三二年十一月十五日、カハマルカに到着したピサロは、アタワルパの陣営を探らせるために、ニカラグアから合流した隊長の一人、ソトと騎兵たちを、そしてそれでは人数不足と思ったのか、あわてて弟エルナンドと騎兵たちを派遣する。ピサロは、豪胆なイメージとは裏腹に、よくいえば慎重、悪くいえば優柔不断な面をもっていたらしい。自ら率先して危地に赴くこともあまりない。以後も同じような行動パターンを繰り返す。

冒頭で引用した言葉は、インカ軍の様子を遠望したのち、ソトらに率いられてエステーテがアタワルパ陣営を訪れたときのものである。アタワルパははじめて見るスペイン人や馬にまったく動じない。普段どおりに神聖不可侵の王として多くの従者にかしずかれ、明日、カハマルカの町に赴きピサロと会見する旨を供の者から伝えさせる。その威厳をたたえた様子は偵察隊全員に強い印象を残した。ソトとエルナンドはピサロのもとにもどると、残りの者たちを動揺させないよう、アタワルパの軍勢を半分以下に見積もって報告せざるをえなかったという。

はじめて出会った強大な敵を前にしてスペイン人全員が恐怖にとらわれ、一晩中、警戒態勢を解かなかった。ピサロは夜が明けるとすぐに作戦を披露した。騎兵と歩兵をそれぞれ二手に分け、要所に配置する。銃砲隊は町の広場に付設された砦にひかえさせる。時機がきたら、ピサロの合図で銃砲隊と騎兵が攻撃を開始し、インカ軍が混乱した隙に乗じて歩兵が彼を生け捕りにする、というものだった。

十六日の夕方、アタワルパは数千人の供をつれ、輿(こし)に乗って町にはいってきた。神の教えを説くために進み出た神父がアタワルパに相手にされずにもどってくるのを見て、ピサロは合図を出し、銃砲隊と騎兵が攻撃を開始する。攻撃を予想していなかったインカ軍はたちまち総くずれとなり、ピサロ以下、歩兵も切り込んでいく。アタワルパを生け捕りにしたのはピサロだった。日暮れまでに町は数千人の死骸で埋めつくされる。戦いのなかで育った武人でもあるアタワルパは、ピサロ一行を甘くみていたらしい。インカ軍の数に脅えたスペイン人たちが逃げ出すのに備え、彼らを捕まえるために兵を配置していたという。

ピサロは以後、アタワルパを傀儡(かいらい)としてインカ帝国を間接統治下におく。アタワルパはスペイン人に、自らを解放してもらうための身代金の支払いを約束する一方で、臣民に対しては王として振る舞い続けた。内戦中であることも忘れず、一五三二年十二月、とらわれの身だった兄ワスカルをクスコで密かに処刑させる。ワスカルがスペイン人と結んで対抗することを恐れたのだろう。

クスコでは同じころ、アタワルパの命令で財宝がかき集められていた。ピサロは待ちきれず、二人のスペイン人をクスコに派遣した。また、太平洋岸の神殿パチャカマにある財宝を入手させるため、弟エルナンドを派遣してもいる。アタワルパの命令のおかげで使者たちの安全は保証されていた。そんななか、一五三三年にはいると、ニカラグアからの援軍や、パナマで人員・食糧などを調達していたアルマグロ率いる一隊が到着する。四月、彼らがカハマルカにはいると、スペイン人とアタワルパの関係はきしみはじめる。

身代金がカハマルカに集まったところで、一五三三年五月からそれを金塊、銀塊に鋳なおす作業が始まった。六月と七月の二度、それぞれ金塊と銀塊とが戦利品として分配された。分配対象はカハマルカの戦いに参加した一六八人中の一六五人にかぎられ、カハマルカの戦いに間に合わなかったアルマグロとその部下たちは当初、分配対象からはずされる。当然、アルマグロ派は不満をいだき、これを鎮めるべくピサロはあとからアルマグロに一定の金額を支払うのだが、スペイン人内部の対立の火種を消すことはできなかった。同年六月、国王カール五世に対する暫定的な配分額を一〇万ペソとし、ピサロはこれを弟エルナンドに託してスペインに帰国させた。

アタワルパは、傲岸不遜な態度が王者にふさわしいという理由で、エルナンドに好意を寄せていたらしい。そのエルナンドがいなくなると、アタワルパはピサロに処刑されるのではないかと懸念する。一方、アルマグロと部下たちは、早く首都クスコに進軍し、残された財宝を略奪することしか頭になかった。彼らは王の身柄を確保しながらクスコに進軍するのは無理だと考え、処刑を主張する。アタワルパの懸念は現実味をおびてくる。

ソトはアタワルパに最初に会ったスペイン人として、彼のように威厳に満ちた国王を理由もなく処刑するのは間違っていると反論する。そこに、アタワルパは反乱を計画し、カハマルカ周辺に兵を集めているという噂が流れた。ソトは噂に根拠がないことを証明すべく自ら現地に赴く。その空隙をついてアルマグロはピサロに対してアタワルパの処刑を強く求め、結局、ピサロは死刑判決をくだし、一五三三年七月二十六日、死刑を執行する。噂が嘘だったと確認してソトがもどったのは死刑執行後のことだった。

　アタワルパと親しかった弟エルナンドをスペインに帰国させ、同様にアタワルパに好意的だったソトの帰りを待たずに処刑した以上、最終的にはピサロ自身が死刑を選んだと考えざるをえない。いずれにせよ、アタワルパなきあと、誰かを王位につけ、傀儡として利用しないと間接統治はできない。そこで、アタワルパによる殺害を恐れてピサロのもとに身を寄せていたワスカルの実弟をトパルカ・インカとして即位させる。八月、ピサロとアルマグロはスペイン人五〇〇人と先住民からなる一隊を率い、クスコに向けてカハマルカを出立した。

　クスコまでの道のりは苦難の連続だった。アタワルパの処刑に反発したキート派の将軍キスキスが、スペイン側の強みである騎兵が力を発揮できない地点を選び、何度も攻撃をしかけて大きな損害をもたらしたのだ。待ち伏せを恐れたピサロは、ソトやアルマグロを先遣隊として派遣するが、二人は少人数の騎兵しか与えられず苦戦をしいられた。ソト隊が敗北を覚悟したところにアルマグロ隊が到着し、かろうじて救い出したこともあった。

内戦中にアタワルパ軍による略奪を受けた村々の住民が支援しなければ、ピサロ一行は食糧や水の補給にも困ったことだろう。インカ帝国内部の亀裂こそがピサロのクスコ進軍を可能にしたのである。クスコの住民はキスキスを歓迎しなかったから、彼はクスコでの籠城戦を選べなかったのだ。ワスカル派先住民の支援といってもトパルカがいてこその話である。ところが彼は十月に急死してしまう。十一月、クスコに到着する直前、やはりアタワルパから逃れていたワスカルの別の弟がピサロの陣に姿をあらわしたのは、幸運としかいいようがない。

十一月十六日、ピサロらはようやくクスコにはいった。ピサロは略奪を厳しく禁止していたが、クスコ市内ではスペイン人による略奪を抑えられなくなっており、黙認せざるをえなかった。略奪がおさまった十二月、ワスカルの弟をマンコ・インカとして即位させる。ピサロは傀儡を利用した間接統治の必要性を、この時点では理解していたのだ。

そのころ、インカ帝国の富に引き寄せられ、コルテスの副官だったアルバラードがキート攻略のためにエクアドル太平洋岸に到着している。今やグァテマラ総督となっていたアルバラードはなぜエクアドルにきたのだろうか。ふたたび北に目を転じることにしよう。

④—王室の介入と夢の挫折

分岐する征服、接続する征服

バルボアの未完の征服からピサロの征服が分岐し、ニカラグアの征服者であるベナルカサルやソトがペルー征服に乗り換えたように、アメリカ大陸におけるスペイン人の征服はときに分岐し、接続する。その背景には、発見や征服の知らせがあっという間にカリブ海域のスペイン人に広がる、情報のネットワークが存在したらしい。例えば、ペドラリアスに従っていたガルシアは、コルテスが北のほうで高度な文明社会を「発見」したという知らせを聞いただけでパナマ征服を途中でぬけだしている。そして、同じ知らせを聞いたジャマイカ総督ガライの組織した遠征隊に加わり、それが失敗したのでコルテス一行に合流したのだ。

そのコルテスはテノチティトラン攻略後、戦利品の分配をめぐり、批判をあびた。彼は全体の五分の一を自らの取り分としたのだ。そのせいで分け前が減ったという不満が、とくにベラスケス・ナルバエス派のあいだに広がったのである。コルテスがメキシコ各地に遠征隊を派遣したことはすでに述べたが、それはこれら不満分子の突きあげを受けての対応でもあった。不満のはけ口として新たな征服が分岐していく。

コルテスの副官アルバラードは不満分子ではなかったが、第二のアステカ王国を発見、征服したいと思っていただろう。そこへコルテスから、マヤ系先住民の複数の小国家に分裂していたグアテマラの征服を命じられた。アステカ王国への服属を拒否し続けた手強い敵である。数百人のスペイン人と、征服に参加した先住民の回想によれば一〇〇〇人をこえるトラスカラ人、メシーカ人、テスココ人、チョルーラ人などの首長や戦士からなる一隊を率い、アルバラードは一五二三年末、メキシコ市を出発した。この一隊は、グアテマラとの国境周辺に到達するころには、メキシコ各地で合流した先住民部隊と合わせ、数千人規模にふくれあがる。

アルバラードはマヤ系先住民相互の対立を利用するなどコルテスの教えを活用し、一五二四年七月には早くもグアテマラ中央部を平定してグアテマラ市を創設した。以後、先住民の反乱に苦しめられながらも征服の範囲を広げ、ホンジュラス、エルサルバドルにまで達する。一五二六年、グアテマラを発ってスペインに向かったアルバラードは、翌年、カール五世に謁見してグアテマラ総督などの地位を与えられた。コルテスの命令で開始されたB型の遠征は、王室と協約を結ぶことで事後的にA型に転換したのである。

特筆すべきは、メキシコ中央部から参加した諸民族の役割である。彼らは征服されて打ちひしがれていたわけではなく、アステカ王国のもとでは失敗に終わった中米征服に主体的に関与したのだ。中米各地で都市が創設されるとそこに定住し、メキシコ中央部から家族を呼び寄せることさえあった。チチメカの遍歴と定住の伝統が蘇ったかのようである。

アルバラードとは対照的に、コルテスがホンジュラスに派遣したオリッドはベラスケスにそそのかされ、現地で反旗を翻す。するとコルテスは、総督としてメキシコ市で統治機構の整備につくすという職務を投げ出し、一五二四年十月、反乱鎮圧のためホンジュラスに向けて出立してしまう。

同じころ、パナマ総督ペドラリアスは、コルドバ（キューバで遠征隊を組織した人物と同姓同名の別人である）を隊長とし、ニカラグア征服のための遠征隊を派遣する。遠征隊には、のちにカハマルカで活躍するベナルカサルやソトも加わっていた。ホンジュラスまで到達したコルテスの一行は一五二五年四月、コルドバが派遣した偵察隊と遭遇したのである。

コルドバはペドラリアスから自立してニカラグア総督になることをめざしており、そのために物心両面での支援を求めるコルテス宛の書簡を偵察隊にもたせていた。コルテスは不足している物資とコルドバ宛の書簡を彼らに託している。偵察隊の一人は、のちにベナルカサルのもとでインカ帝国征服に参加することとなる。コルテスとコルドバの部下たちのあいだでは、高度な文明を有する先住民社会の征服に関し、情報交換がおこなわれたに違いない。アステカ征服とインカ征服とが接続した瞬間だった。コルドバはその後、反乱のかどでペドラリアスに処刑されるが、ピサロは慎重さの重要性を再確認したであろう。

この遠征はコルテスにも高くついた。彼はアステカ最後の王、クアウテモクと数十人の先住民を引きつれていたのだが、スペイン人を皆殺しにする計画を立てたという嫌疑をかけ、クアウテモクを処刑してしまう。その背景には、行軍中、さまざまな困難に出合い、大きな人的・物的損害をこうむり、スペイン人も先住民もみな引き返すことばかり考えていたという状況が存在した。この雰囲気を一掃するためにクアウテモクは処刑されたのだろう。いずれにせよ、コルテスの生涯における最大の汚点である。ホンジュラスに到着したときにはオリッドが内輪もめですでに殺されていたというおまけまでついた。

征服者と統治者

本書の冒頭で、コルテスとピサロによる征服の世界史的意義は、スペインがヨーロッパ諸国中、最初に広大な海外植民地を獲得した点にあると指摘した。この意義を認めさせるには、征服が軍事的勝利にとどまらず安定した植民地統治に転換したことを示す必要がある。

コルテスが植民地統治への転換に正面から取り組んだことは、総督としてとった一連の措置からうかがえる。経済面では、鉱山開発から牛・羊・豚・鶏の導入による牧畜業の展開、小麦やサトウキビの導入による農業振興、養蚕・製糸などの手工業の奨励、消費財価格の安定をはかる小売業規則制定まで、スペイン人植民者の生活を支えるための政策を打ち出す。社会面では、カリブ海域においてスペイン人の無秩序な流入が先住民社会の崩壊につながったことを反省し、植民者の増加と先住民社会の維持を調和させるための入植規則集やエンコミエンダ受領者に対する規則集などを制定し、植民地社会の安定に尽力している。

先住民社会の維持とは現状維持ではなく、そのキリスト教化をともなわねばならない。コルテスは、征服を正当化するこの大義の遂行にも全力で取り組んだ。スペインの教会組織のなかでもっとも厳しい規律を遵守することで知られていたフランシスコ会に目をつけ、修道士たちを宣教師として派遣するよう要請したのである。一五二三年八月には三人、翌年五月には一二人のフランシスコ修道士がベラクルスに到着し、コルテスはメキシコ市で恭順の意を表しつつ彼らをむかえたとされる。これが大規模改宗の第一歩となった。

ラス・カサスは、エンコミエンダを先住民社会崩壊の重要な要因とみなしていたから、メキシコにこの制度を導入したコルテスに批判的だった。しかしコルテスは、武勲と富を求めて遍歴する征服者を定住する植民者、しかもインディオの改宗に努める植民者へと変貌させるための装置として、エンコミエンダ

メキシコ市歴史地区北部のトラテロルコに建設されたフランシスコ修道会の修道院　手前は、アステカ王国における最大の商業都市だったトラテロルコの神殿跡。

をとらえていた。エンコミエンダの実態は別として、コルテスの改宗に対する熱意は本物であり、のちに征服者やエンコミエンダ受領者の残酷さ、貪欲さを痛烈に批判するフランシスコ修道士が彼の協力を礼賛するほどだった。コルテスが征服者を卒業して統治者になる資質を備えていたのは明白だろう。

ところが、征服後にキューバからわたってきた妻や、メキシコ北東部の征服に失敗してメキシコ市に赴いたガライが急死すると、コルテスが二人を殺害したという噂が流される。同じころ、カール五世はメキシコの広大さと富を考慮して複数の役人を派遣し、総督としてのコルテスの言動を監視させる。コルテスにとり、メキシコ市での暮らしはやりきれないものとなる。部下たちが各地で活躍するのをうらやましく思うようになったそのとき、反乱の知らせが届いたのだ。齢(よわい)四〇のコルテスが征服者にもどりたくなった気持ちもわからないではない。

統治者失格から南の海へ

コルテスの気持ちがわかるからといって、ホンジュラス遠征が二重の失敗だったことは否めない。さしたる理由もなくクアウテモクを処刑したのに加え、コルテスはその不在によってメキシコ市を政治的混乱に陥らせたのだから。

　暫定的に統治をまかされた役人たちはコルテスの不在中、統治をかえりみず私利の追求に走り、ベラスケス・ナルバエス派はコルテスの「悪行」を王室に告発する。しかも二つの勢力は、彼の地位・権限・富をめぐってたがいにいがみあう。財宝のありかを聞き出すためにコルテスの従弟を拷問にかけ、処刑するという事件さえ起こした。混乱の余波はスペインにもおよび、「悪行」を信じたカール五世が一度はディエゴ・コロンにコルテス処刑を命じたほどである。

　一五二六年六月、コルテスはメキシコ市に帰還して総督の座にもどる。しかし、王室がコロンブスを解任した経緯を知っているコルテスは解任を覚悟したのだろう。それに先だち、六月末、モクテスマ二世の功績に対する没後の報奨として、その娘イサベルとマリーナにそれぞれタクーバとエカテペックの領主権を与える決定をくだす。これらはメキシコ市近郊に位置し、多くの先住民人口を擁する重要な村だった。コルテスはモクテスマ二世にかわって王女たちの将来を守ろうとしたのだ。クイトラウアク、クアウテモクというアステカ王国最後の国王と死別したのち、イサベルは一時、コルテスに愛人とされるが、この財産のおかげで別のスペイン人有力者と結婚する道が開けたのである。その後も彼女は死別、再婚を繰り返す。さらに、スペインにわたった子孫の一部は、彼女から受け継いだ血統と財産のゆえに、スペイン王室から伯爵、公爵の位を授けられるにおよんでいる。

さて、一五二六年七月初め、混乱の原因解明のために派遣された監察官がメキシコ市に到着すると、コルテスは予想どおり職務を停止される。カール五世に召喚されると、一五二八年五月末、久々にスペインの地を踏んだ。七月を皮切りに一年間で三度も国王に謁見する機会を与えられ、侯爵の位と広大な所領を授かるなど、コルテスはさまざまな栄誉に浴した。コルテスが国王に送ったアステカ帝国征服に関する報告書はスペイン語で出版され、ヨーロッパ諸言語に翻訳されていたから、彼は名声を博していたのだ。名門ベハル公爵の姪にしてアギラール伯爵の娘との結婚がまとまったのは、父マルティンの奔走に加え、この名声のおかげだった。ローマ教皇庁との交渉をつうじ、三人の庶子を嫡子として認める旨の教皇勅書を入手できたのも同様だろう。ちなみに、うち一人はあの先住民女性マリーナの息子である。コルテスは庶子であれ、混血であれ、面倒見のよい父親だった。

王室は、アメリカ大陸で征服者が封建領主に転化するのを恐れており、コルテスに栄誉を与える一方で、権力の座から遠ざけようとする。コルテスをスペインに召喚しておきながら、執務監察を長引かせたのもその一環であった。正確には、コルテスはスペインに帰国する以前から統治の実権を奪われつつあった。王室は早くも一五二七年に、合議制の司法・行政機関アウディエンシア(聴訴院)をメキシコ市に設置していたのだから。以後、コルテスぬきの植民地統治機構の整備が進められる。コルテスは一五三〇年にベラクルスにもどるが、王妃イサベル(夫カール五世はスペインを不在にしていた)によりメキシコ市にはいることを禁じられた。これも、彼が統治の実権を回復するのを阻止するためだったのだ。

ところが王室は、探検家としてのコルテスには利用価値を見出していた。じつは、彼は一五二〇年から南の海、すなわち太平洋に関心を示しており、メキシコの太平洋岸に港と造船所を建設するにおよんだ。王室はここに目をつけた。

職務停止後の一五二七年、コルテスはカール五世の勅令を受け、香料諸島▲に遠征隊を派遣している。さらに一五二九年十月には、南の海での発見に関する協約を王妃イサベルと結ぶ。王室と探検家コルテスのあいだでは利害が一致することもあったのだ。

統治者としての道をほぼ断たれて以降、コルテスの関心は所領の経営とそこからの収益で太平洋探検のための遠征隊を組織することに集中していく。一五三五年四月、カール五世がヌエバ・エスパーニャ植民地統治の最高責任者として初代の副王、メンドーサを任命すると、コルテスが総督の地位を回復する可能性は完全に失われた。征服を統治へと転換する作業は、このメンドーサが担うこととなる。同月、コルテスは自ら遠征隊を率いて太平洋岸を北上し、カリフォルニア半島を探検するにおよんだ。

かつての副官アルバラードはグアテマラ総督としてコルテスからの自立をはたしていたが、太平洋への関心についてはコルテスの影響をぬぐえず、香料諸島への遠征を準備していた。そこにカハマルカにおけるピサロの成功の知らせが届くと、行く先を急遽、エクアドルに変更したのである。

▼香料諸島　セレベス島とニューギニア島のあいだに位置し、香辛料を豊富に産出することで知られる。ポルトガルが一五一二年に来航して以後、スペイン・イギリス・オランダとのあいだで争奪戦がくりひろげられた。スペイン王室の支援を受けたマゼランもここをめざしたとされる。

所領の中心地クエルナバカにあるコルテスの邸宅

こうしてメキシコ、中米の征服はふたたびペルーの征服と接続することになったのだ。

⑤―征服から内戦へ

キートをめぐるせめぎあい

ピサロはクスコにスペイン人都市を創設したが、太平洋岸からの交通の便が悪いため、一五三四年から新たな拠点の候補地を探しはじめていた。

そうした状況下、一五三四年二月、アルバラードが大軍を率いてエクアドルに到着すると、その知らせがペルー中をかけめぐる。ピサロはアルバラードの到着を、王室から与えられた自らの統治権に対する不当な侵害とみなし、アルバラードの試みを阻止すべく、アルマグロをキートに派遣する。一方、ピサロの命でピウラに駐屯していたベナルカサルはこの知らせを聞くと、アルバラードに遅れをとるべきでないと即座に判断した。アルマグロがピウラに寄ったとき、ベナルカサルは無許可でキートに向けて出発していたのである。

このあち、先行したベナルカサルはキート派の執拗な抵抗を打ち破ってキートを攻略し、遅れて到着したアルマグロは無許可でキートに進軍した件でベナルカサルを譴責(けんせき)する一方で、その功績を大として赦免する。土地勘のないアル

●—**キートの中央広場**　大聖堂や大統領宮などが周辺に集中している。この権力の中心を通る街路の一つはベナルカサル通りと命名されている。

●—**リマの中央広場**　このカテドラル（大聖堂）にピサロの遺骸が安置されている。

バラードはアンデス山中を半年間さまよい、ようやくキートに到着するが、ベナルカサルがすでにキートを陥落させたことを知る。ただ、アルバラードも簡単に引き下がるわけにはいかなかった。スペイン人隊員の不満が自分に向けられるのをなんとか避けねばならなかったのである。一方、アルバラード隊はかなりの人員をかかえていたから、アルマグロもその要求を無視できなかった。無視すれば、スペイン人同士の武力紛争につながりかねない。

そこで二人は一五三四年八月下旬、妥協の産物として契約を結ぶことで事態の収拾をはかる。ピサロが一〇万ペソでアルバラードのスペイン人隊員・武器・船を購入し、アルバラードはエクアドルから撤収するという内容だった。アルマグロはピサロの代理にすぎなかったから、アルマグロとアルバラードは太平洋岸におりていき、パチャカマでピサロと会見したうえ、ピサロの同意をえた。一〇万ペソを手にしたアルバラードはグアテマラにもどり、彼の隊員の大半はアルマグロと合流し、ピサロはベナルカサルにキートの防衛をまかせるというかたちで、スペイン人によるキート征服は終結したのである。アルバラードという脅威を排除したピサロは、一五三五年一月、太平洋岸にリマ市を創設することとなる。

さて、このキートをめぐるせめぎあいには特筆すべき点がいくつかある。まず、ピサロが戦場にでるのを避けるようになったことが目を引く。ソトやアルマグロを先遣隊として送り込むのはいつものパターンだが、今回、ピサロはキートに赴いてすらいない。二点目は、キート派の将軍に率いられたインカ軍の抵抗の激しさと有効性である。彼らはスペイン人の強みと弱みを把握し、適切な場所・時間・戦法を選んで攻撃することで甚大な損害を与えたのである。三人のスペイン人征服者がたがいに争っていたならば、キート攻略は失敗に終わった可能性が高い。

スペイン人側が勝利をおさめた要因としては、インカ帝国による征服の記憶があげられる。エクアドルの先住民、カニャリ人は征服時のインカ軍による残虐行為を忘れていなかった。ベナルカサルがこの記憶をたくみに利用すると、カニャリ人は積極的に協力したのである。対照的に、通訳すら帯同せずに山中に分け入ったアルバラードは残虐行為を重ねて現地住民の敵意を買ってしまう。その結果、迷いに迷い、糧食もつき、グアテマラからつれてきた先住民たちを寒さと疲労、飢えで全滅させた。二人の経験を比べれば、現地住民との関係がいかに大切だったかがわかる。ベナルカサルの勝利は、インカ軍の戦法を熟知したカニャリ人の協力をとりつけたことも大きかったに違いない。

最後に指摘しておきたいのは内戦の記憶である。将軍キスキスはキート攻防戦に間に合わなかった。スペイン人の機動性を正しく認識できていなかったのは確かだろう。しかし、それ以上に大きかったのは、通過する町や村で建物や耕地に火を放ち破壊するのに時間を費やした事実である。これは、ピサロに寝返ったワスカル派の住民に対する報復行為でもあった。キスキスの軍勢は一万人をこえていたから、キートのインカ軍と合流していたら、スペイン人に勝利していたかもしれない。内戦の記憶が彼らの勝利をはばんだのだ。

クスコをめぐるせめぎあい

アルマグロと部下たちは、キート攻略から期待したほどの戦利品をえられなかった。しかも、戦利品だけを目当てにしてエクアドルまでやってきてなにもえられなかったアルバラードの部下たちも合流したから、アルマグロ派のピサロに対する不満はさらに高まった。

　この不満をそらすべく、ピサロはアルマグロにクスコの管理をまかせるが、アルマグロがクスコの統治者であるかのように振る舞いはじめると、それが既成事実化するのを恐れ、インカ帝国の南部、つまりチリ北部の征服を命じる。必要な資金はピサロが提供するという条件付きであったから、アルマグロは命令を受け入れ、一五三五年七月、不平分子を率いてチリに向かった。チリ征服を望んでいたのにクスコの総督代理に任じられたソトはその処遇に不満をいだき、新たな征服の夢を追求すべくスペイン経由でフロリダ征服へと旅立つことになる。クスコはピサロの弟であるフアンとゴンサーロにまかされた。

　エルナンドが一五三五年末にスペインからペルーにもどると、事態はさらに混迷を深める。ペルーを南北に分割し、南部をアルマグロの管轄下におくとする勅令を持ち帰ったのだ。当時の測量技術で境界線を確定することは不可能であり、王室はそうと知りつつ、ペルーを南北に分割することで、ピサロとアルマグロの対立をあおろうとしたのかもしれない。王室がピサロを統制する術はほかになかった。

ピサロには身内である弟たちやトゥルヒーリョ出身の子飼いの部下を不当に優遇する傾向があった。経験も思慮も知識も欠いたフアンとゴンサーロにクスコを委ねたのはその一例にすぎない。この二人に多様な思惑が交錯するクスコを統治するのは無理だった。ピサロは他方で、一五三〇年代後半、リマ市をはじめとしてスペイン人都市の創設に熱意をみせる一方、先住民に対する配慮を怠りがちだった。ソトが去ったあとのクスコには彼自身が赴くべきだったろう。この判断ミスがピサロの躓き(つまずき)の石となる。

フアンとゴンサーロは傍若無人に振る舞い、マンコ・インカを捕縛するにおよんだ。一五三六年一月にクスコにもどったエルナンドも事態を収拾できず、マンコ・インカはクスコから逃亡し、一〇万をこすインカ軍を率いてクスコを包囲する。スペイン側はフアンが戦死するなど大損害をこうむり、クスコは陥落寸前となる。気をよくしたマンコ・インカはリマも包囲させた。インカ兵が農作業にもどることがなければ、スペイン人はペルーから駆逐されていただろう。実際、ピサロは一五三六年、アルバラードに救援要請の手紙を送っている。征服の成果が失われるかもしれないことにようやく気付いたのだ。手紙の写しはメキシコ市にいる副王メンドーサからコルテスに送付され、コルテスは翌年、ペルーに救援隊を派遣している。

インカ王と親しかったアルマグロがチリからクスコにもどっても、状況は好転しない。マンコ・インカは包囲を解いたが、アンデス山中に立てこもる。しかも、アルマグロがエルナンドとゴンサーロを捕縛し、クスコ、さらにはリマの統治権を主張すると、ピサロとの関係は破綻する。ペルーはピサロ派とアルマグロ派の内戦へと突入する。

征服者の最期

一五三八年四月、アンデス山中のラス・サリーナスで両軍は衝突し、エルナンド指揮下のピサロ軍が勝利をおさめた。エルナンドは七月、アルマグロを処刑してしまう。内戦が一段落したところでようやくピサロはクスコに向かい、戦後処理をおこなう。独断でアルマグロ処刑を決定したことでエルナンドを叱責し、この件に関してカール五世に釈明するよう、帰国させた。さらにピサロは、アルマグロ派だけでなく非アルマグロ派からもエンコミエンダを取り上げる一方、自分を裏切ったマンコ・インカ系の王族を多数殺害するなど、政治的思慮を欠いた行動を積み重ねる。新たな内戦とインカ人による反乱の火種を自らつくり出してしまったのである。

一連の行動は、政治的混乱を収拾するためにペルーに介入する口実を王室に与えるとともに、アルマグロの遺児を中心にまとまりを保ったアルマグロ派や一部のインカ王族の反発を強め、ピサロを孤立させた。カール五世が監察官をペルーに派遣したという知らせが届くとリマの情勢は流動化するが、ピサロ自身は気にかけない。そして一五四一年六月二十六日、リマの自宅でわずか十数人のアルマグロ派の襲撃を受け、殺害される。白昼にもかかわらず、誰も助けにこなかった。遍歴のすえ、安住の地と見定めたリマで、ピサロは異父弟アルカンタラとともにあっけない最期をむかえた。

アルマグロ派も多数派の支持を集められず、到着したばかりの監察官によって簡単に排除された。続いて王室がペルーに派遣した副王ヌニェスが、エンコミエンダの相続を制限する新法を発布すると、征服者たちはピサロの弟ゴンサーロを首領に選んで蜂起し、一五四六年、副王を殺害してしまう。彼らのなかには、ゴンサーロにインカの王女と結婚し、ペルー国王となるよう勧める者さえいた。しかしゴンサーロにその決断力はない。王室が交渉術にたけた人物を派遣すると、反乱陣営が切りくずされただけでなく、マンコ・インカの逃亡後、ピサロが傀儡(かいらい)として即位させたパウリュ・インカまでが王室支持にまわった。会戦で敗走したゴンサーロは一五四八年四月十日、処刑された。

ペルーはこうして征服の時代から植民地統治の確立期へと転換していくが、転換が終了するのは一五七〇年代のことである。ピサロ兄弟はその死をもってこの転換に貢献したといえよう。

ピサロの死からほぼ三〇年後、彼の一従卒だったペドロ・ピサロは、晩年のピサロが政治的判断を誤った理由として、アルバラードとともにエクアドルにわたってきたピカードという男の言いなりになっていた事実を指摘している。ピカードは秘書としてピサロに仕えていた。「侯爵閣下は、読むことも書くこともできなかったので、彼のことを信用していたのです。そして、侯爵閣下はこのピカードの助言どおりのことしかなされなくなったのです。……チリの連中(アルマグロ派を指す)が侯爵閣下への憎悪を深めたのもこのピカードのせいでした」

この言葉は、生い立ちがピサロの統治者としての限界を規定したこと、そしてアステカ征服との接続が生んだ偶然がピサロ破滅の一因となったことを、教えてくれる。

歴史の審判

失意の征服者

一五三〇年代をつうじ、コルテスはさまざまな事業でえた収益をつぎこみ、統治すべき新たな土地を求めてカリフォルニアや香料諸島への遠征隊を組織するが、いずれも失敗に終わる。副王メンドーサは一五三五年に着任した当初、コルテスとのあいだに友好関係を築こうとするが、結局、両者の関係は破綻した。メンドーサは以後、コルテスの排除に努める。一五四一年に中西部で発生したチチメカ人の大規模な蜂起を自ら鎮圧すると、植民地統治を軌道に乗せ、メキシコ中央部での征服の時代に終止符を打つ。チチメカの蜂起を知り、グアテマラから救援に駆けつけたアルバラードの戦死は、征服者の時代の終焉を象徴している。

一五四〇年、コルテスは状況の打開をはかるべくスペインにわたるがそのさい、正妻とのあいだに生まれた嫡男マルティンを同行させている。一五二八年にスペインにつれていったマリーナとの息子マルティンはすでに宮廷で皇太子フェリペの近習として仕えていたが、嫡男のマルティンもフェリペの近習となった。コルテスは、モクテスマ二世の娘イサベルとのあいだに生まれた娘レオノールにもかなりの金額を遺贈しており、子煩悩な父親としての一面がうかがえる。

王室の引き延ばし戦術のせいで執務観察にかかわる訴訟ははかどらない。アルジェ攻略戦▲に参加したコルテスはカール五世に無視され、戦う者としての誇りも傷つけられた。このころから彼は統治者の夢を捨て、知識人との交流に時間を費やすようになり、マドリッドの自宅は人文主義者のサロンと化す。セプルベダ▲やラス・カサスとも会談したという。征服を正しく後世に伝えるため、ゴマラ▲という聖職者に自らの経験を語ったのもこの時期のことだった。

勝訴をあきらめたコルテスはメキシコで死ぬことを望み、セビーリャに向かうが、メキシコへの帰還はかなわなかった。一五四七年十二月二日、セビーリャ近郊で息を引き取る。六二歳だった。その遺骸は八回も埋葬場所を変え、今はメキシコ市にある。

▼アルジェ攻略戦　一五四一年、カール五世はキリスト教諸国の艦隊を率い、北アフリカにおけるイスラーム教徒の商業・軍事上の拠点アルジェの攻略に乗り出した。しかし、艦隊はアルジェ沖で悪天候のため四散し、撤退をしいられた。

▼ファン・ヒネス・デ・セプルベダ（一四八九～一五七三）　スペインの思想家。アメリカ大陸の先住民は先天的にスペイン人より劣っており、スペイン人の指導なくしては文明化しえないと主張し、スペインによるアメリカ大陸征服を正当化した。ラス・カサスとは真っ向から対立し、カール五世の命で開催された討論会（一五五〇～五一年）で劣勢にまわり、結局、彼の著作は禁書扱いされた。

▼フランシスコ・ロペス・デ・ゴマラ（一五一一～六四）　スペインによるアメリカ大陸の「発見」と征服に関する同時代の年代記作者。多くの年代記を参照するに加え、コルテス本人から聞き取りをおこなうなどして情報を集め、一五五二年に『インディアス全史』を刊行した。しかし、すぐにスペイン王室により発禁処分となる。年代記作者ディーアス

代役としてのエルナンド

対照的に、ピサロには後世に名を残すための時間も能力もなかった。しかし、子どものための配慮という面ではコルテスにひけをとらない。彼は身内を大切にしたのである。

ピサロはワイナ・カパックの娘イネス、そののちはワイナ・カパックないしアタワルパの娘アンヘリーナと同棲し、四人の混血児をもうけた。ピサロはイネスの生んだ二人については手続きを進め、一五三七年、教皇勅書により嫡子と認めさせている。彼らの存在がピサロのペルー、より狭くはリマとの同一化と定住を促したとはいえないだろうか。ピサロには今や、長年夢見た財産・所領・称号・地位と、それらを継がせる子どもができた。遍歴を続ける理由は失われたのだ。彼の遺骸は今も変わらずリマにある。

遺言書で相続人とされた二人のうち息子は若死にしたので、娘フランシスカがピサロの全財産を相続した。ペルーでの後ろ盾を失ったフランシスカは一五五〇年、スペインに旅立つ。叔父エルナンドが彼女の面倒をみるが、アルマグロ処刑の件で裁判にかけられて幽閉中だった一五五一年、一族の財産と家名を

は、征服の現場を知らないがゆえにゴマラが多くの誤りを犯したと批判している。

メキシコ市中央広場にある大聖堂（カテドラル）　コルテスの遺骸はここに安置されていない。死後も彼は権力の中心から遠ざけられたのである。メキシコ独立後、ここから数百メートル離れた教会に、その遺骸は密かに葬られた。ピサロの遺骸がリマの大聖堂に安置されているのとは対照的といえよう。

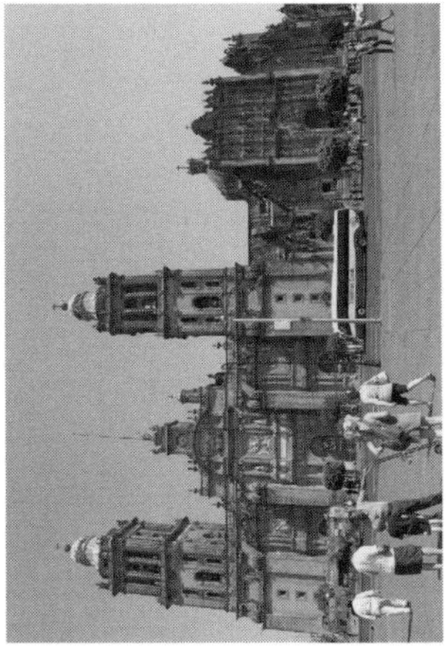

守るべく姪と結婚する。識字能力を駆使し、ペルー内の所領の経営、資産運用に努める一方、兄に与えられた侯爵号の復活を求めて妻とともに奔走する。コルテスがモクテスマ二世にかわって彼の娘たちを守ろうとしたように、エルナンドはワイナ・カパック、ピサロにかわって二人の孫＝娘を彼なりに守ろうとしたのだ。

別の面でも彼は代役をはたしている。コルテスは征服者と記録者を兼ねたが、ピサロは記録者たりえない。彼の事績が今に伝わるのは、エルナンドが作成した文書のおかげでもある。中世・近世転換期のスペインでは識字率が改善されるが、その度合いには幅があった。一方にコルテス、エルナンドが位置し、他方に読み書きができない集団が位置したとすれば、ピサロは後者と接する境界領域に立っていた。文書の力を認識し、つたない花押を記すことは覚えたのだ。それゆえ、ピサロはなにかにつけエルナンドを頼りにする。他方で、弟に口出しされるのを嫌がってもいた。民衆のなかで育ったピサロは、識字能力というものに対し、感嘆の念と不信感をいだいていたのだろう。すでに指摘したように、これが統治者への転身をはばむ一要因となる。歴史の審判を考慮しないの

トゥルヒーリョの中央広場にあるピサロの銅像

も育ちのせいかもしれない。

フランシスカは夫の死後、財産を守るべく年下のプニョンロストロ伯爵の息子（なんとあのペドラリアスのひ孫であった）と再婚する一方、トゥルヒーリョのメルセス会修道院創設を支援するなど、独自の判断をくだしている。彼女の死から二年、一人の青年がメルセス会に入会した。のちにティルソ・デ・モリーナ▲と名乗り、劇作家として名を残す。トゥルヒーリョの修道院長在任中、ピサロの征服をたたえる三部作を書き上げた。同じころ、ピサロ家の侯爵号復活が認められている。彼女の「投資」が功を奏したということだろうか。

世界史の転換

コルテスとピサロはともに、統治の現場から排除されることをつうじ、軍事的な征服から広域的かつ安定した植民地統治への転換を促す役割をはたしたといえる。

ただし、理由は異なる。コルテスの場合、国王への報告書を刊行するなど、自らの功績と能力をひけらかす戦術をとった結果、統治能力が高すぎて危険だ

▼**ティルソ・デ・モリーナ**（一五七九〜一六四八）　本名はガブリエル・テリェス。カトリックの修道士であるため、筆名を用いたらしい。十七世紀前半に活躍したスペインを代表する作家の一人。六〇をこす戯曲を残しており、その作品はスペイン内外で高く評価されていた。なかでも『セビリアの色事師と石の招客』（一六三〇年）は、フランスのモリエールの作品『ドン・ジュアンまたは石像の宴』（一六六五年）の下敷きとなったとされる。

と判断され、王室によって総督の座を奪われた。それに対しピサロは、統治への意欲は高かったが、統治に必要な能力を欠いていたがゆえに敵をつくり、暗殺された。その経緯も対照的で、ピサロは定住を選んだがゆえに統治に必要な視野の広さを失ったのに対し、コルテスは統治から排除されたがゆえに遍歴を続けざるをえなかった。生い立ちや性格の影響もあるのだろう。

奴隷狩りなどを目的とする遠征を征服へと転換させた最大の要因は先住民社会の側にあった。メキシコとペルーの先住民社会、国家の質こそが征服を不可避とする。征服の成功も先住民側にその要因があった。先住民支配階層が自らの伝統と歴史、とくに同時代史の枠組みのなかで外交、軍事上の選択をおこなった一方で、被支配層も従来の論理にもとづいて生き残りをはかったことが、判断ミスの連鎖を生み、先住民社会の亀裂を深め、スペイン人の勝利を可能にしたのである。征服の成功を技術上の格差や病原菌に帰すこれまでの議論は修正を要する。

ただ、造船技術・操船技術の革新が海上交通・通信の整備につながり、それがスペイン人の優位を支えた点は見失うべきではない。黄金の王国の噂はあっという間にカリブ海域に広がり、征服者候補を満載した船がメキシコ、ペルーの海岸に次々と到着する。征服は分岐と接続を繰り返し、情報を交換しながらその範囲を急速に拡大するが、この速さは先住民の予測をはるかにこえ、彼らを後手にまわらせたのだ。

他方で、首都の陥落後、先住民国家による中央集権化が残りの領域の服属と植民地統治への転換を円滑にした点も注目に値する。中央集権化が進んでいないがゆえに、ユカタン半島でモンテーホは征服に手間取ったのだ。コルテスとピサロは程度の差こそあれ、その点を理解したがゆえに傀儡をつうじての間接統治を選んだ。グラナダ王がカスティーリャ王に臣従を誓い、貢納を支払うという、中世後期のカスティーリャによるグラナダ支配との連続性をみてとれる。奴隷狩りなどを目的とする小規模な遠征(C型)も同様である。

征服過程に限定すると断絶がきわだつ。テノチティトラン攻略時の殲滅戦やクスコでの破壊・略奪・暴行、チョルーラやカハマルカでの虐殺は、中世後期のレコンキスタとは無縁の、アメリカ大陸での経験に根ざした新たな行動様式なのだ。後世の植民地主義の暴力を先取りする面と、ドイツ農民戦争、ローマ

ポトシ銀山（現ボリビア）　一五四五年に発見された。

の劫略、オランダ独立戦争、宗教戦争にみられる近世ヨーロッパの新たな暴力形態と共通する面とが、並存していたようにも思われる。

　広域的な植民地支配の確立は、過剰な暴力の噴出を王室が官僚制と文書主義をつうじて抑えることで可能となる。ピサロ暗殺後のペルーにおける政治的展開はそれを如実に物語る。この相対的な平和こそが十六世紀後半、先住民労働力を組織的に動員しての銀生産の前提をなす。ペルーのポトシやメキシコのサカテカスで採掘されたこのアメリカ銀は、ヨーロッパ諸国が構築していくグローバルなネットワークをつうじ、世界商品ないし国際的決済手段として地球上の諸地域をつなぐ。アメリカ銀とそのネットワークの掌握が、ヨーロッパの他地域に対する経済上の優位を生んだ。巨視的には、コルテスとピサロの世界史的意義はこの転換のために舞台装置を整えた点にあるだろう。

　微視的には、征服者と被征服者の両義的な関係に目を向けねばならない。コルテスのモクテスマ二世とクアウテモクへの態度の違いや、ピサロとエルナンドの対照的なアタワルパの扱い、インカ王たちによるピサロ、エルナンド、アルマグロとの駆け引きは、転換期に固有の流動的状況の産物なのだ。メキシコではスペイン人がしばしばインディオ女性との結婚を選び、コルテスの愛人だったと知りつつマリーナやイサベルとの結婚を選んだ征服者さえいたのだ。ペルーでは結婚の事例は少ないが、スペイン人の父親が混血児を認知して育てるのはめずらしくない。アステカ王、インカ王の末裔が植民地時代末期まで生き延びるのは転換期のおかげなのである。

スペイン人と先住民の二分法が明確になるには、十六世紀後半の植民地統治の確立を待たねばならない。コルテスとピサロはこの面でも二つの時代のはざまを生きたのだ。

サカテカス銀山　一五四六年に発見された。

コルテスとピサロとその時代

西暦	おもな事項
1475(?)	ピサロ誕生
1482	グラナダ戦争の開始
1485	コルテス誕生
1492	***1***- グラナダ戦争の終結。***10***- コロンブス，アメリカ大陸到達
1502	ピサロ，サント・ドミンゴに到着
1504	コルテス，サント・ドミンゴに到着
1509	ピサロ，オヘーダの遠征に参加
1511	コルテス，キューバ征服に参加
1513	バルボア，南の海（＝太平洋）の発見（ピサロも同行）
1514	ペドラリアス，ダリエン総督に着任
1517	***2***- コルドバの遠征隊，ユカタン半島を発見。***7***- カルロス１世(のちのカール５世)，スペイン国王に即位
1518	グリハルバの遠征隊，メキシコ湾岸に到達
1519	***1***- ペドラリアス，バルボアを処刑。***5***- コルテス，メキシコ東部にベラクルス市を創設。***6***- カルロス１世，カール５世として神聖ローマ皇帝に即位。***9***- ペドラリアス，パナマ市を創設（ピサロも参加)。***11***- コルテス，テノチティトラン到着
1520	***7***- コルテス，テノチティトランから撤退
1521	***8***- アステカ王，クアウテモク降伏
1523	***9***- コルテス，正式にヌエバ・エスパーニャ総督に就任
1524	***7***- アルバラード，グアテマラ市を創設。***10***- コルテス，ホンジュラス遠征に出発。***11***- ピサロ，第１回ペルー探検に出発。
1526	***6***- コルテス，メキシコ市に帰還。***11***- ピサロ，第２回ペルー探検に出発
1527	***10***- コルテス，香料諸島に遠征隊を派遣。***12***- カール５世，メキシコ市にアウディエンシア（聴訴院）設置を命じる
1528	***5***- コルテス，スペインに到着。***12***- ピサロ，スペインに到着
1529	***8***- ピサロ，王室と協定を締結
1531	***1***- ピサロ，第３回ペルー探検に出発
1532	11- ピサロ，カハマルカでインカ王アタワルパを生け捕りにする
1533	***4***- アルマグロ，カハマルカに到着。***6***- エルナンド，スペインに向けて出発。***7***- ピサロ，アタワルパを処刑。***11***- ピサロ，クスコを占領
1534	***2***- アルバラード，エクアドルに到着。***6***- ベナルカサル，キートを占領
1535	***1***- ピサロ，リマ市を創設。***4***- コルテス，カリフォルニアに向けて出発。***7***- アルマグロ，チリに向けて出発。***11***- 初代ヌエバ・エスパーニャ副王メンドーサがメキシコ市に着任
1536	***4***- マンコ・インカの反乱，クスコの包囲
1537	***4***- アルマグロ，クスコを占領，エルナンドを逮捕
1538	***7***- エルナンド，アルマグロを処刑
1539	***12***- コルテス，スペインに向けて出発
1541	***6***- ピサロ，アルマグロ派に暗殺される。***10***- コルテス，アルジェ攻略戦に参加
1544	初代ペルー副王ヌニェスがリマに着任。ゴンサーロ派が蜂起
1546	副王ヌニェス，キートでゴンサーロ派に敗れ，戦死
1547	***12***- コルテス，セビーリャ近郊で死去
1548	***4***- ゴンサーロ，王党派軍に敗れ，処刑される

参考文献

網野徹哉『インカとスペイン――帝国の交錯』講談社，2008年
グリュジンスキ，セルジュ(落合一泰監修，齋藤晃訳)『アステカ王国――文明の死と再生』創元社，1992年
黒田祐我『レコンキスタの実像――中世後期カスティーリャ・グラナダ間における戦争と平和』刀水書房，2016年
コルテス，エルナン(伊藤昌輝訳)『コルテス報告書簡』法政大学出版局，2015年
芝修身『真説レコンキスタ――〈イスラーム vs キリスト教〉史観をこえて』書肆心水，2007年
島田泉・篠田謙一編著『インカ帝国――研究のフロンティア』東海大学出版会，2012年
高橋均・網野徹哉『世界の歴史18　ラテンアメリカ文明の興亡』中央公論社，1997年
トドロフ，ツヴェタン(及川馥・大谷尚文・菊地良夫訳)『他者の記号学――アメリカ大陸の征服』法政大学出版局，1986年
ベルナル・ディーアス・デル・カスティーリョ(小林一宏訳)『メキシコ征服記3』岩波書店，1986・87年
増田義郎『インカ帝国探検記――ある文化と滅亡の歴史』(中公文庫)中央公論社，1975(1961)年
増田義郎『古代アステカ王国――征服された黄金の国』(中公新書)中央公論社，1963年
増田義郎『コロンブス』(岩波新書)岩波書店，1979年
増田義郎『アステカとインカ――黄金帝国の滅亡』小学館，2002年

Chipman, Donald, *Moctezuma's Children. Aztec Royalty under Spanish Rule, 1520–1700.* Austin : University of Texas Press, 2005.
Clendinnen, Inga, *Aztecs. An Interpretation.* Cambridge: Cambridge University Press, 1991.
Clendinnen, Inga, *Ambivalent Conquests. Maya and Spaniard in Yucatan, 1517–1570.* Cambridge: Cambridge University Press, 2003(1987).
Connell, William F., *After Moctezuma. Indigenous Politics and Self-Government in Mexico City, 1524–1730.* Norman: University of Oklahoma Press, 2011.
Hemming, John, *The Conquest of the Incas.* Harmondsworth: Penguin Books, 1983 (1970).
Lockhart, James, *The Men of Cajamarca. A social and biographical study of the first conquerors of Peru.* Austin: University of Texas Press, 1972.
Martínez, José Luis, *Hernán Cortés.* México: Fondo de Cultura Económica, 1990.
Martínez Martínez, María del Carmen, ed., *En el nombre del hijo. Cartas de Martín Cortés y Catalina Pizarro.* México: Universidad Nacional Autónoma de México, 2006.
Pizarro, Pedro, *Relación del descubrimiento y conquista de los reinos del Perú. México:* Fondo de Cultura Económica, 2013.

図版出典一覧

Brian S. Bauer, David S. P. Dearborn, *Astronomy and Empire in the Ancient Andes*. Austin: University of Texas Press, 1995. *50*右, *51*上

J. H. Elliott（ed.）, *El Mundo Hispánico: Civilización e Imperio Europa y América Pasado y Presente*. Barcelona/ London: Editorial Crítica, 1991. *5*上左

María Rostworowski de Diez Canseco, History of the Inca Realm. Cambridge: Cambridge University Press, 1998. *50*左

Michael Schreffler, *The Art of Allegiance: Visual Culture and Imperial Power in Baroque New Spain*. Pennsylvania: The Pennsylvania State University Press, 2007. 扉

Nueva Historia General de México. México City: El Colegio de México, 2010. *5*上右

Revelaciones: Las Artes en América Latina, 1492-1820. San Diego: Fondo De Cultura Economica USA, 2006. *41*上・中

The Arts in Latin America 1492-1820. New Heaven/ London: Yale University Press, 2006. *22, 23*上・中, *30, 41*下, *48, 51*下, *73*上

田淵三菜氏提供 *20, 21, 85*

塚本憲一郎氏提供 *23*下, *26*

著者提供 *65*

ユニフォトプレス提供 カバー表, カバー裏, *5*下, *9, 14, 70, 73*下, *86, 90, 91*

安村直己（やすむら　なおき）
1963年生まれ
東京大学大学院人文科学研究科博士課程中退
専攻，ラテンアメリカおよびスペイン帝国の社会史
現在，青山学院大学文学部教授

主要著書・論文

『南北アメリカの歴史』（共著，放送大学教育振興会 2014）
『近代国家の形成とエスニシティ――比較史的研究』（共著，勁草書房 2014）
『近世・近代における文書行政――その比較史的研究』（共著，有志舎 2012）
『世界史のなかの帝国と官僚』（共著，山川出版社 2009）
「植民地支配・共同性・ジェンダー―― 18世紀メキシコの訴訟文書をめぐって」『歴史学研究』no.912，2013
「フンボルトからアラモまで――ラテンアメリカをめぐる歴史実践と新自由主義」『青山史学』27号，2009
“El imperio español como espacio de intersecciones: algunas consideraciones sobre los mestizajes culturales y lo político en el México del siglo XVIII” en *Estudios de Historia Novohispana,* México: UNAM, 2005

世界史リブレット人㊽
コルテスとピサロ
遍歴と定住のはざまで生きた征服者

2016年11月10日　1版1刷印刷
2016年11月20日　1版1刷発行

著者：安村直己

発行者：野澤伸平

装幀者：菊地信義

発行所：株式会社 山川出版社

〒101-0047　東京都千代田区内神田1-13-13
電話　03-3293-8131（営業）8134（編集）
https://www.yamakawa.co.jp/
振替 00120-9-43993

印刷所：株式会社 プロスト

製本所：株式会社 ブロケード

 ISBN978-4-634-35048-9

世界史リブレット 人

1 ハンムラビ王 —— 中田一郎
2 ラメセス2世 —— 高宮いづみ・河合 望
3 ネブカドネザル2世 —— 山田重郎
4 ペリクレス —— 前沢伸行
5 アレクサンドロス大王 —— 澤田典子
6 古代ギリシアの思想家たち —— 髙畠純夫
7 カエサル —— 毛利 晶
8 ユリアヌス —— 南川高志
9 ユスティニアヌス大帝 —— 大月康弘
10 孔子 —— 高木智見
11 商鞅 —— 太田幸男
12 武帝 —— 冨田健之
13 光武帝 —— 小嶋茂稔
14 冒頓単于 —— 澤田 勲
15 曹操 —— 石井 仁
16 孝文帝 —— 佐川英治
17 柳宗元 —— 戸崎哲彦
18 安禄山 —— 森部 豊
19 アーイシャ —— 花田宇秋
20 マンスール —— 高野太輔
21 アブド・アッラフマーン1世 —— 佐藤健太郎
22 ニザーム・アルムルク —— 井谷鋼造
23 ラシード・アッディーン —— 渡部良子
24 サラディン —— 松田俊道
25 ガザーリー —— 青柳かおる
26 イブン・ハルドゥーン —— 湯川 武
27 レオ・アフリカヌス —— 堀井 優
28 イブン・ジュバイルとイブン・バットゥータ —— 家島彦一
29 カール大帝 —— 佐藤彰一
30 ノルマンディー公ウィリアム —— 有光秀行
31 ウルバヌス2世と十字軍 —— 池谷文夫
32 ジャンヌ・ダルクと百年戦争 —— 加藤 玄
33 王安石 —— 小林義廣
34 クビライ・カン —— 堤 一昭
35 マルコ・ポーロ —— 海老沢哲雄
36 ティムール —— 久保一之
37 李成桂 —— 桑野栄治
38 永楽帝 —— 荷見守義
39 アルタン —— 井上 治
40 ホンタイジ —— 楠木賢道
41 李自成 —— 佐藤文俊
42 鄭成功 —— 奈良修一
43 康熙帝 —— 岸本美緒
44 スレイマン1世 —— 林佳世子
45 アッバース1世 —— 前田弘毅
46 バーブル —— 間野英二
47 大航海の人々 —— 合田昌史
48 コルテスとピサロ —— 安村直己
49 マキャヴェッリ —— 北田葉子
50 ルター、ミュンツァー、ツヴィングリ、カルヴァン —— 島田 勇
51 エリザベス女王 —— 青木道彦
52 フェリペ2世 —— 立石博高
53 クロムウェル —— 小泉 徹
54 ルイ14世とリシュリュー —— 林田伸一
55 フリードリヒ大王 —— 屋敷二郎
56 マリア・テレジアとヨーゼフ2世 —— 稲野 強
57 ピョートル大帝 —— 土肥恒之
58 コシューシコ —— 小山 哲
59 ワット、スティーヴンソン —— 大野 誠
60 ワシントン —— 中野勝朗
61 ロベスピエール —— 松浦義弘
62 ナポレオン —— 上垣 豊
63 ヴィクトリア女王、ディズレーリ、グラッドストン —— 勝田俊輔
64 ガリバルディ —— 北村暁夫
65 ビスマルク —— 大内宏一
66 リンカン —— 岡山 裕
67 ムハンマド・アリー —— 加藤 博
68 ラッフルズ —— 西尾寛治
69 チュラロンコン —— 小泉順子
70 魏源と林則徐 —— 大谷敏夫
71 曾国藩 —— 清水 稔
72 金玉均 —— 原田 環
73 レーニン —— 和田春樹
74 ウィルソン —— 長沼秀世
75 ビリャとサパタ —— 国本伊代
76 西太后 —— 深澤秀男
77 梁啓超 —— 高柳信夫
78 袁世凱 —— 田中比呂志
79 宋慶齢 —— 石川照子
80 近代中央アジアの群像 —— 小松久男
81 ファン・ボイ・チャウ —— 今井昭夫
82 ホセ・リサール —— 池端雪浦
83 アフガーニー —— 小杉 泰
84 ムハンマド・アブドゥフ —— 松本 弘
85 イブン・アブドゥル・ワッハーブとイブン・サウード —— 保坂修司
86 ムスタファ・ケマル —— 設楽國広
87 ローザ・ルクセンブルク —— 姫岡とし子
88 ムッソリーニ —— 高橋 進
89 スターリン —— 中嶋 毅
90 陳独秀 —— 長堀祐造
91 ガンディー —— 井坂理穂
92 スカルノ —— 鈴木恒之
93 フランクリン・ローズヴェルト —— 久保文明
94 汪兆銘 —— 劉 傑
95 ヒトラー —— 木村靖二
96 ド・ゴール —— 渡辺和行
97 チャーチル —— 木畑洋一
98 ナセル —— 池田美佐子
99 ンクルマ —— 砂野幸稔
100 ホメイニー —— 富田健次

〈シロヌキ数字は既刊〉